ZHONGCHENG YU XINYANG (ZENGDING BAN)

忠诚与信仰

（增订版）

厉 华　谭晟玫·编著

重庆出版集团 重庆出版社

图书在版编目（CIP）数据

忠诚与信仰 / 厉华，谭晟玫编著. -- 增订版.
重庆 : 重庆出版社, 2024.9. -- ISBN 978-7-229-18876-4
I. D642-49
中国国家版本馆CIP数据核字第2024G302X2号

忠诚与信仰（增订版）
ZHONGCHENG YU XINYANG (ZENGDING BAN)
厉华　谭晟玫　编著

策划编辑：刘　红　郭　宜
责任编辑：王　娟　黎若水
美术编辑：夏　添
责任校对：刘春莉　廖应碧
装帧设计：刘　洋

重庆出版集团　出版
重庆出版社

重庆市南岸区南滨路162号1幢　邮政编码：400061　http://www.cqph.com
重庆天旭印务有限责任公司印刷
重庆出版集团图书发行有限公司发行
邮购电话：023-61520656
全国新华书店经销

开本：787mm×1092mm　1/16　印张：15.75　字数：250千
2024年9月第1版　2024年9月第1次印刷
ISBN 978-7-229-18876-4
定价：68.00元

如有印装质量问题，请向本集团图书发行有限公司调换：023-61520678

版权所有　侵权必究

序

  一位烈士家属在给我的信中写道："不要忘记那些为真理、为民众利益英勇奋斗，至死不渝的革命烈士；人总得要有点精神，社会总得要有正气……"。

  这是一句发自内心，具有民族之心、爱国之情的真切呼唤。

  在近代中国百年的奋斗历史进程中，在中华人民共和国成立的伟大历史进程中，在中国社会改革开放的实践过程中，无数革命先辈以一种"砍头不要紧，只要主义真"的崇高革命精神，用自己宝贵的生命、殷红的鲜血缔造了新中国。

  "身既死兮神以灵，子魂魄兮为鬼雄。"人只有献身社会，才能找到生命意义。

  何功伟："我信仰共产主义，我是共产党员。我决不转变立场"。

  刘国鋕："我们没有玷污党的荣誉，我们死而无愧"。

  韦奚成："《烛光》是我心里之光。找到了所追求的真理，参加中国共产党。置身为党为民，革命到底"。

  刘国鋕："为了民主的文化和政治，为了中国的革命，闻先生付出了生命。这是中国学者的光荣。这是中国文人的范型。全中国的知识分子们啊！闻先生的道路应当就是我们的道路，联合起来，沿着闻先生的道路前进！"

  江竹筠："假如不幸的话，云儿就送给你们了，盼教以踏着父母的足迹，以建设新中国为志，为共产主义事业奋斗到底！"

沈安娜在接受采访时说："国民党给我的待遇也不错，在国民党中央工作条件也是很好的，生活上也是无忧无虑的。但我随时牢记自己入党时的承诺——对党忠诚，为党工作。这是支持我数年卧底国民党内收集情报的关键。忠诚是我的价值，信仰是我的力量，卧底是我的任务。一个人可以做很多事情，但去做一件危险而又有意义的事，就体现出了一个人的价值和重要性。"

……

他们忠诚为党、坚守信仰，以自己的热血和生命践行信仰，表现出绝对忠诚，显现出巨大的人格魅力！

红岩是一段历史。这段历史记录下了每一个人物的思想、言行和作为，从中我们感悟到凝聚其中的一种精神。这种精神是社会进步发展不可缺少的一种动力、一种支撑。

在今天民族崛然而起的时代，革命先辈们忠诚与信仰的巨大精神力量依然在推动着我们前进，激励着我们去完成烈士们未竟的事业。

值此中华人民共和国成立 75 周年到来之际，我们重读红岩英烈英勇的革命故事，重温那段感人的历史，以汲取奋进向上的力量。七十多年过去了，该忘记的早已忘记，不该忘记的我们将牢牢记住！

本书的创作史料主要来源于本人几十年来在红岩历史研究方面收集整理的相关史料。另外，为增强故事的可读性和感染力，在写作的过程中针对部分内容进行了文学创作。

目 录
CONTENTS

序 /1

小萝卜头： 紧握红蓝铅笔头，狱中志士的小战友 /1
谭沈明： 身陷囹圄，却坚持学习 /12
何功伟： 坚持真理，舍生取义 /25
韦奚成： 鞠躬尽瘁，一生为共产主义理想而战！ /36
谢育才： 对党忠诚，不计名利，不负人民 /48
江竹筠： 不惜一切，执行任务最坚决 /61
张露萍： 严守秘密，不惜放弃自己的生命 /76
沈安娜： 绝对忠诚，名誉、地位、金钱一概不顾 /91
盛超群： 革命志愿者，敢于向黑恶势力开战 /102
韦德福： 挖穿地牢，誓死要冲出黑牢 /117
邓致久： 敢于牺牲，舍身保全组织 /125
刘国鋕： 不怕牺牲，党的荣誉至高无上 /133
王朴： 在金钱与理想的天平上，理想更重 /145
陈然： 坚守气节，决不低下高贵的头 /158
罗广斌： 许党报国，肩负重托 /173
卢绪章和肖林："灰皮红心"，践行初心 /189

附录：情景阅读表演剧本

一、小萝卜头：紧握红蓝铅笔头，狱中志士的小战友　/201

二、何功伟：坚持真理，舍生取义　/205

三、谢育才：对党忠诚，不计名利，不负人民　/209

四、江竹筠：不惜一切，执行任务最坚决　/219

五、张露萍：严守秘密，不惜放弃自己的生命　/227

六、刘国鋕：不怕牺牲，党的荣誉至高无上　/235

七、王朴：在金钱与理想的天平上，理想更重　/240

小萝卜头：紧握红蓝铅笔头，狱中志士的小战友

他还在襁褓中就被关进监狱。幼稚娇嫩，天真无邪，虽然永远不会懂得大人的"政治"究竟是什么，但他却是个坐牢8年的"老政治犯"，最后为政治而牺牲。

他刚会说话，就学会了"不怕""勇敢""斗争"这些词。生命只有在斗争中才能求生存。勇敢才能够得到所想要的。不怕才是追求的开始。

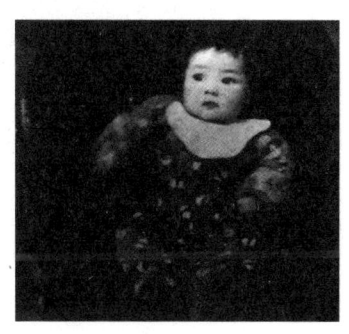

小萝卜头宋振中

铁窗黑牢里虽暗无天日，却无法阻挡他寻找自己的童趣；身小瘦弱，他却用一颗爱心撑起了难友们的精神天空；没有与我们相似的成长经历，他却比我们更珍爱知识和人生。他的生命永远凝固在8岁。

他眼中的天空越来越小，"手掌般大的一块地坝，箩筛般大的一块天"。

他看见的都是高墙铁网，"一把将军锁，把世界分隔为两边"。

他生活过的地方总是，"空气呵，日光呵，水呵……成为有限度的给予"。

他所认识的都是"囚犯"，"人，被当作牲畜，长年关在阴湿的小屋里。长着脚呀，眼前却没有路……"

他从那些"囚犯"叔叔、阿姨那里知道了外边还有一个精彩的世界……

白公馆看守所小萝卜头被关押的牢房

他总想让爸爸妈妈带着他走出看守所大门，可爸爸妈妈却总是说：这就是我们的家！

被凶狠的看守特务严格管束，他知道了谁是好人、谁是坏人，要帮助好人，敢于同坏人斗争……

中华人民共和国建立后，在评定的革命烈士中，他是最小的一位，那就是小萝卜头宋振中。

他的父亲宋绮云被杀害时45岁，江苏邳县人，1924年在江苏省立靖江师范毕业，1926年参加中国共产党。在"西安事变"前，他的公开职务是西安《西北文化日报》社长。由于地下党组织及宋绮云同志的努力，《西北文化日报》被办成了"主张团结抗日，反对独裁内战"的进步报纸。"西安事变"发生后，《西北文化日报》及时将事变真相和张学良、杨虎城提出的救国八项主张公布，全面介绍事变的起因、经过，积极评价事变的实质和意义，广泛宣传"停止内战、一致抗日"的主张。母亲徐林侠，1927年3月加入中国共产党。1928年秋，中共邳县县委成立，任县委委员，负责妇女工作，与宋绮云在共

小萝卜头的父亲宋绮云、母亲徐林侠

同斗争中建立感情，结为终身伴侣。后一直协助丈夫开展抗日救亡工作。

宋振中是宋绮云夫妇的第七个孩子，1941年3月15日出生在江苏邳县。后随父母一直在西安郊外蒲城居住。

"西安事变"和平解决后，1938年初，宋绮云被党派往国共合作的河北省临时政府，任政治处副处长兼组织科长，负责与八路军总部的联络工作。1939年11月，党组织派宋绮云到晋西南中条山孙蔚如第四集团军总部任少将参议，兼总部干训班副教育长、政治教官。他利用合法身份继续从事统战工作。

小萝卜头与父亲宋绮云、母亲徐林侠及兄弟姐妹

1941年9月，宋绮云母亲大寿，孙蔚如要宋绮云发电报给蒋介石请求释放张学良、杨虎城。蒋介石却下令将"共产党员宋绮云逮捕"。随后，又以送衣物为名将妻子徐林侠逮捕。正在襁褓中的宋振中与他们一起开始了铁窗黑牢的生活。

宋振中的一生都在铁窗黑牢中度过，直到1949年9月6日被杀害！

在铁窗黑牢里，由于缺乏营养，没有正常的食品供应，宋振中的身体发育不良，头大身小，模样惹人怜爱，难友们都亲切地叫他"小萝卜头"，以至真实的名字宋振中被人遗忘。

在看守所这个特殊的环境中长大的小萝卜头，非常清楚地知道谁是好人、谁是坏人！他知道如何去帮助好人，怎样与坏人做斗争。

当他跟随父母从贵州息烽集中营转囚到重庆白公馆关押期间，母亲徐林侠向狱方提出，孩子快7岁了，应该给孩子读书的机会，让他到外面去上学，狱方拒绝了母亲的要求。父亲宋绮云联合狱中难友，向狱方提出强烈抗议！最后，迫于狱中难友的压力，狱方被迫答应让小萝卜头学习，但规定不能外出学习，只能在狱中楼上黄显声将军的牢房去读书学习。

小萝卜头要上学了，这在白公馆看守所是一件很大的喜事！

父亲捡回一根树枝在地上不停地磨，把一头磨尖后，作为笔交给小萝卜头；母亲徐林侠撕下棉衣里的一块棉花，用火烧焦后兑上水作为墨汁给小萝卜头；白公馆的叔叔阿姨，每天省出一张草纸，给小萝卜头做了几个写字本。小萝卜头就是带着这些学习工具到楼上黄伯伯那里去学习知识文化。

黄伯伯教小萝卜头学习语文、地理和说俄文。每次学习，小萝卜头都非常地认真，因为这是他唯一知道白公馆外面还有一个世界的渠道！他知道了什么叫学校，知道了什么叫老师、同学、课桌、黑板……他喜欢提问，总是把黄伯伯讲的与监狱里的事情联系起来。黄伯伯讲地球很大，他就问有几个白公馆大？黄伯伯给他讲天上的飞机，他就说是不是像在白公馆看见的蝴蝶那样自由地飞来飞去？

在一次学习的时候，小萝卜头目不转睛地看着黄伯伯的手，黄伯伯说："学习要专心，不要看我的手。"可是，小萝卜头的眼睛就死死地盯住黄伯伯的手。突然，他把黄伯伯的手举起来，看着手里的红蓝铅笔头，非常好奇地问："黄伯伯，你手里的这支笔为什么一写就可以画出颜色和写出字来？为什么我的笔又大又粗，要在碗里蘸一下才能写一笔？你是大人，我是小孩，你用大的，我用小的，我们两个换起来用好不好？"黄显声将军笑了笑说："我手里的笔是红蓝铅笔，里面有铅芯，你的笔是树枝做的，没有铅芯。如果你想要我手里的这支红蓝铅笔，可以！但是你要用俄语同我说上几个字，我就可以把它奖励给你！"

小萝卜头狱中学习的文具（仿制品）

为了能得到这支红蓝铅笔的奖励，小萝卜头每天晚上睡觉前躺在床上"呀呀"地背记俄文单词，天不亮就起来站在铁窗下背记俄文单词。当他能够用简单词汇同黄伯伯说几个字的时候，黄伯伯把红蓝铅笔头奖励给了小萝卜头。小萝卜头拿着这支红蓝铅笔头，欢天喜地地跑回自己的牢房，他抱住爸爸妈妈说："你们看看，你们看看，这才是真正的笔，这就是真的笔！"然后，他拿出草纸练习本，用这支笔给爸爸、妈妈写了四个字：大、小、多、少。他再也舍不得用这支笔，他用草纸把它包起来，放在自己的内衣里，盼望着有一天出现教室、老师、课桌、同学的时候再用这支笔！

　　小萝卜头每次从黄伯伯那里学习下楼后，总喜欢坐在看守所底楼的栏杆上，仰望天空。他想看破天空，想看破高墙铁网。他真想出去看看！他想知道汽车是什么样子，想知道公路有多长，想知道外面的世界究竟是什么样子！他特别想到黄伯伯说的有学校、教室、老师、同学的地方去……

　　一次，一个特务走过来想拿小萝卜头寻开心。

　　特务对他说："小萝卜头，你叫我叔叔，就给你吃块糖。这糖很好吃，是甜的！"

　　小萝卜头看见特务手里的糖，伸出手要去拿糖。特务把手举高说："先叫叔叔，后吃糖！"小萝卜头极不情愿地、慢慢地收回自己的手，不停地往肚里咽口水，吞吞吐吐地说："你不叫叔叔！你叫看守，是特务！"

　　这个特务瞪着眼睛说："看守年龄比你大，你就应该叫叔叔的呀？快叫，叫了给你吃糖！"小萝卜头的眼睛死死地看着特务手里的糖，嘴里却仍然坚持说："不，你不叫叔叔！你真的叫看守，是特务！"这个特务气急败坏，要去打小萝卜头，小萝卜头立即跳下栏杆跑回牢房。

　　晚上，小萝卜头久久不能入睡。他不停地问爸爸："什么是糖？糖是什么味道？"他抱住妈妈问："妈妈，妈妈，你怎么不给我吃糖？我们有没有糖？"他的妈妈不知所措，无可奈何地指着一旁的盐罐子对孩子说："这就是糖，我们的糖就在里面，就是平时你吃的味道！"

　　小萝卜头的童年就是这样悲惨地在牢狱中度过的。

　　小萝卜头从小生活在铁窗黑牢里。根据史料记载，他只出过一次监狱大门！那是他的母亲徐林侠身患重病，狱方不得不用轿子抬她到国民党的四一医院去治疗，沿途为了照顾方便，特务让小萝卜头跟着一块出去。小萝卜头有了走出看守所大门的机会。

当轿子抬出白公馆大门后，小萝卜头欢天喜地，连蹦带跳。他拼命地、使劲儿地看着眼中所出现的一切。房子、大树、汽车、公路、商店、土地庙……这些对他来说是太新鲜、太好看了！

突然，小萝卜头看见一群跟他一样大的小孩，围着一棵大树跑来跑去。他就情不自禁地向他们走去，边走边想，他们怎么可以随便地乱跑？当他还没有走几步，一只大手抓住他的脖子将他拽住，只听特务说："不要乱走，过来一起走。"他的脖子被卡住，但是他的眼睛还是死死地看着那些围着大树乱跑的孩子。他真羡慕他们可以随便地跑来跑去……

当轿子路过磁器口大街的时候，有一家人正在办丧事，一口漆黑的大棺材停放在路边。小萝卜头咋咋呼呼地问："妈妈，妈妈，那个黑乎乎的大家伙是干什么的呀？"他的母亲抬起头来一看，非常伤心、凄苦地对他说："孩子，那是棺材，人一进去后就彻底自由了！"自由，自由啦！小萝卜头死死地记住了这句话。回到白公馆看守所，第二天他背着书包到楼上去上课的时候，他到罗广斌的牢房门口悄悄地对他说："妈妈说的，只要进了棺材就可以自由了，您想想办法去找找！"他又兴奋地对许晓轩说："许伯伯，找到棺材我们一起进去，这样我们就可以彻底地自由啦！"白公馆的每一个难友听到小萝卜头这样的嚷嚷，心都在滴血！他们不知道该怎样向小萝卜头解释棺材的真正含义！

在白公馆被关押过的胡春浦同志，生前提起小萝卜头总是充满了感情。他忘不了被关进看守所之后，由于严重的胃病不能够吃饭时，小萝卜头对他的照顾。他胃病复发严重疼痛，难以进食的时候，小萝卜头出现在他的门口。小萝卜头问胡春浦："很难受吗？"胡春浦看着小萝卜头点点头，用手压着胃！小萝卜头又说："想吃点什么？告诉我！"胡春浦看着这个非常认真的小孩子，叹了口气，摇了摇头，苦笑着说："要是有点面条吃就好了！"只见小萝卜头对他说了声："好的，您等着，我一会儿给您端来！"看着离去的小萝卜头，胡春浦开心地笑了起来，他从精神上得到了一种从来没有过的安慰和战胜病痛的力量！

一个多小时后，胡春浦在睡梦中听见一个微弱的声音："叔叔，叔叔，快过来吃面条，面条来了哦！"胡春浦立即从牢房地铺翻起身来，爬到门口一看，一个小碗里装着溶溶的面条。小萝卜头说："叔叔，快吃，我和妈妈给您煮得很烂，不嚼都可以吞下！"胡春浦觉得实在不可思议，监狱里面居然还可以煮出这样的面条？他接过面条一口一口地吃了起来，感觉这是有生以来最好吃的面条！他边吃边惊奇地问："小萝卜头，你们是怎样弄到面条的？在什么地方煮的呀！"只见小萝卜头神秘地、噘着嘴说："等您吃完，以后再慢慢告诉您！"

后来，胡春浦才知道，煮面条的锅是小萝卜头用罐头盒子做成的，用的燃料却是他从过道的油灯碗里一点一点"偷"的！为了能够积累上可以煮一次面条的油，小萝卜头要在不被看守发现的情况下，十几次，甚至几十次地在一楼墙柱上的油灯碗里"偷油"！好几个难友在生病的时候，都得到过小萝卜头的这种照顾，享受过这狱中难得的"特殊的面条"。

曾经在白公馆被关押过的梅含章回忆：

我对蒋介石的反动统治现状不满，于1944年1月被捕入狱，先后囚禁在渣滓洞和白公馆。绮云的幼子振中，在襁褓中就被关进黑牢，过着非人的生活。他睁眼看到的是反动派沾满鲜血的刑具，听到的是匪徒狠毒的嗥叫，深夜也常被恐怖的警钟惊醒。匪徒们剥夺了他赖以生活的阳光、空气和营养，被折磨得身体瘦小。1949年4月我和振中分手时，他已8岁，还像5岁的孩子，长着与他身体很不相称的圆圆的大脑袋。振中机智灵活，敏慧过人，做过许多工作，难友们很疼爱他，亲切地叫他"小萝

梅含章

卜头"。

振中在牢里，学会了很多对敌斗争的本领，常常和我们用眼睛讲话。他小小年纪，立场坚定，爱憎分明，时时用他那双深沉的炯炯发光的大眼睛，判断白公馆的每一个人，帮助被关的革命者建立联系。他善于和敌人斗争。有一次，振中因学习需要多上了几次楼，被特务叱责。他瞪着仇恨的眼睛和敌人对抗，进行说理斗争。全院的难友热烈鼓掌，齐声支援。特务理屈词穷，狼狈不堪。

振中热爱学习。先是四川省委书记罗世文同志给他上第一课："我是一个好孩子。我热爱中国共产党。"他记忆力强，又很用功，进步很快。罗世文同志被害后，振中又随黄显声将军学习语文、算术、俄文、图画。他每天准时到黄显声牢里上课，学习很出色。遇有特务监视，还能用俄语和老师讲话。我常常看到他坐在小板凳上，用一尺见方的木板放在膝盖上写字，画画。最令我难忘的是，振中曾拿出自己画的画，送给我作纪念。可惜这张画没有保存下来。振中的画，有强烈的思想感情。他不喜欢画重庆的闷雾，最爱画红太阳。我后悔没有保存下来振中的这张画。

从白公馆看守所脱险的韩子栋，生前一直把小萝卜头称为他的小战友。他曾经深情地回忆说：

当我准备实施越狱计划时，同志们都在为我做准备。他们每天省出一些饭粒，把它晒干交给小萝卜头。他就把这些饭粒用草纸一小包一小包地包好。每次看到我扫地的时候，他就故意咳嗽吐痰，把那些装有饭粒的小纸包丢到我的脚边，让我扫去。就这样，我积攒了不少饭粒装在我的几个兜里。就是这些干饭粒解决了我逃走途中的饥饿问题。没有他的帮助，真不知要被饿到什么程度。一想到他每次丢给我小纸包时那机灵的样子，我就觉得他太不简单、太不容易了，这么小的年纪就学会了做隐蔽斗争……

1949年9月6日，年仅8岁的小萝卜头与他的父母和杨虎城将军一起被杀害于松林坡刑场。重庆解放后，当人们从地下取出他的遗体时，发现他的两只小手在胸前死死地握着。当慢慢将他小手打开的时候，发现里面攥着一支短短的红蓝铅笔！

《红岩魂》展览在西宁展出时，一位母亲和丈夫带着自己的孩子来到小萝卜头的展板和实物柜前。母亲从包里拿出了一大捆铅笔，对小孩说："你看小萝卜头，用的是树枝笔，本子是用草纸做的。你看你读书，用的是高级书包、文具盒；很多铅笔，用了一次以后，削都不愿削，又要买新的。读书两三年，不用的铅笔这么大一捆，而且都是可以再用的。你看你是不是浪费？"小孩看看实物柜里的树枝笔，向着爸爸、妈妈，吞吞吐吐地说了一句话："妈妈，我错了，我把这些笔用完以后，你再给我买新的，好吗？"一个很简单的对比，使小孩懂得了不该浪费的道理。

曾经，一位中年妇女在白公馆看守所小萝卜头的牢房门前，手里拎着一个旅行袋，久久不肯离去。我们的工作人员数次招呼她看完展览就离开，可是她没有理我们。后来，只见她将手中的旅行袋放在地上，从旅行袋里拿出了一百副扑克牌，然后逐个将其打开，将扑克牌一张一张地丢进了牢房的地板上。当她将这一百副扑克牌丢完了以后，站起来对我们的工作人员说："我就是你们要找的李碧涛，小萝卜头在狱中唯一的小伙伴！"

李碧涛向我们讲述了她与小萝卜头在狱中的一段难忘经历。

13岁时，李碧涛因为父母亲被捕一起被关押进了白公馆看守所。一到狱中父母即被拉去问案，李碧涛被交给小萝卜头看管。她当时被吓得哇哇大哭，不知道这

李碧涛

是什么鬼地方！这个时候，只见小萝卜头以一个"老政治犯"的身份出现在她的面前。小萝卜头对她说："姐姐，你不要怕，不要哭，在这个地方要勇敢、坚强！"为了能够平复这个大姐姐的情绪，小萝卜头对她说："姐姐，我们来玩玩具！"李碧涛苦笑着说："这个鬼地方有什么好玩的玩具？"只见小萝卜头"噗"的一声趴在地下，从稻草的地铺里抽出了几十张牛皮纸。小萝卜头说："姐姐，这叫扑克牌，是这里的叔叔阿姨专门给我发明的。我先教你认，再教你玩……"李碧涛看了看，苦笑地对小萝卜头说："你这哪是什么扑克牌呀，是牛皮纸，而且画都没有画得像！"只见小萝卜头十分生气地说："姐姐，你不要乱说，这是叔叔阿姨给我做的。你不相信可以去问……"李碧涛看着认真的小萝卜头，也就没有再说什么。可就是这几十张牛皮纸做的扑克牌成为了他们两个小伙伴在狱中打发时光的唯一玩具。一次，李碧涛一个人在玩这扑克牌的时候，被特务看守发现，以她违反监规为由没收了这扑克牌，并当面撕碎！小萝卜头在狱中唯一的小玩具被毁了，李碧涛非常难过。后来，李碧涛随父母一起被转囚到南京，后被我党营救出狱。全国解放后，李碧涛听说小萝卜头在狱中被杀害，她一直想到重庆看看。当她有机会来的时候，她带来了一百副扑克牌，要了却自己的一个心愿！

《红岩魂》巡展中给小萝卜头塑像戴上红领巾

《红岩魂》展览在西安展出的时候，一个小学四年级的学生来展厅和我们搞共建活动，我们教学生解说小萝卜头的情况，然后让他们给学生们讲。这个班的数学、语文竞赛成绩都在学校名列第一，但在"红领巾"的比赛方面从来没有拿过奖。因为班里有的尖子学生不愿加入少先队，他们认为加入少先队影响功课，耽误学习，有参加集体活动的时间，不如多看点书。一个星期的共建活动后，当教师要求每个学生写一篇活动的体会时，有个学生出人意料地写了一篇《我的入队申请书》。老师拿着这份入队申请书非常激动，带着这个孩子到展厅里面向我们表示感谢。我送了一套书给他，并且向他提出："你能不能把现在心里最想说的话，或者感受最深的事，写在我们的观众留言簿上？"这位小朋友拿起笔来在留言簿上写下："愿该展览在全中国少年儿童心目中留下深刻印象，小萝卜头，我和你永远在一个中队！"

★ **阅读思考：**

记得来路，方能走得更远。今天对小萝卜头最好的纪念方式是什么？

谭沈明：
身陷囹圄，却坚持学习

谭沈明烈士

真理，是改造客观世界、创造物质财富的指路明灯，更是改造主观世界、获取精神动力的不竭源泉。

为了追求真理、坚守信仰，谭沈明在狱中坚持学习，尤其是坚持学习外语，不断提高自己的文化水平。他要为共产党创建的新中国而拥有真才实学。他要为一个新的国家出现而储备自己的能量。尤其是在坐牢九年多的时间里，自学外语，坚持做笔记，讨论分析社会问题，关注时局变化。在短暂的生命时空里，他展现出顽强的生命意志和对真理的无限崇拜和热爱。

罗广斌在《关于重庆组织破坏经过和狱中情形的报告》中记录："在狱中，支部委员谭沈明曾经对难友说：我们被捕太久，组织上可能已经不知道了。但为了革命、为了真理，我们要永远坚持下去！"

谭沈明烈士，曾是重庆一名工人，1937年加入中国共产党，一直在重庆南岸、沙坪坝、渝中从事党的地下活动，1940年被国民党中统特务逮捕，先后被关押在川东师范学院防空洞、贵州息烽集中营、渣滓洞和白公馆看守所。在长达九年多的监禁中，铁窗黑牢消磨不了其对真理的捍卫和追求，他决不签字转变立场。在失去人身自由的活棺材里，在辗转四个地方关押的生涯中，他始终没有动摇中国革命必胜这一真理信念。

他 25 岁入狱，最开始通过向狱中那些读过大学、懂外语的难友们请教，后头更多的是靠字典、读俄文书、做笔记，坚持在狱中学习俄文、英文。他通过监狱的报纸和图书馆阅读书刊、坚持写心得笔记。身陷囹圄却不失对共产主义信仰的执着追求和向往，盼望自己有机会出狱去建设一个新中国。

被难烈士登记表记载："在审讯的时候，谭态度强硬。因为是被人牵连交出，所以他承认了身份，但拒绝自新，明确坚定地守着党的立场，保守着党的秘密。特务没法，便押他到息烽终身监禁。"抗战胜利后，军统息烽集中营撤销，谭沈明作为 72 名要犯之一，1946 年转入国民党保密局重庆白公馆看守所继续关押。

被捕前，他在川盐银行当过服务生，后又到南岸一家袜子厂当经理，因在厂里开展进步活动而被逮捕。在狱中，谭沈明为了保持革命意志，为了今后有本事建设新中国，坚持学习俄文和英文，而且仅仅靠的是两本字典。他的愿望很简单，就是将来出狱后，能够到苏联去学习。

曾与谭沈明关押在一个牢房的脱险志士周居正在重庆解放后回忆："……他平时与任何人谈话都是满面春风、和蔼可亲。他的自学能力很强，每天除了吃饭、睡觉的时间外都在读书。监狱的生活把他锻炼得更加坚强，造就了

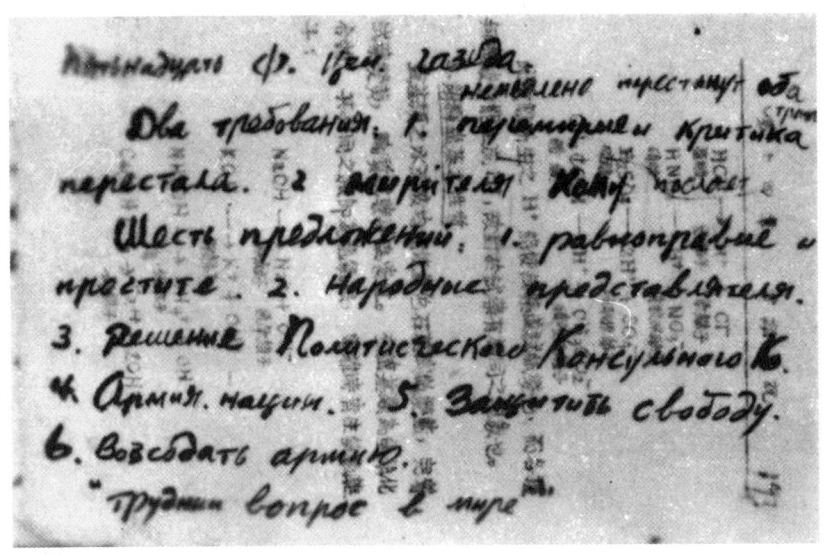

谭沈明在狱中所写俄文笔记

高深的学问，尤其是英文、俄文很有心得。他每天都要抽出一个钟头的时间来写俄文笔记，现在还遗留下两本……"

谭沈明在狱中所写的这两本俄文笔记，我们曾经找四川外国语大学的教授进行翻译。教授们翻译的时候都非常感动。他们为一个仅有小学文化程度的人，能够在监狱这种环境，达到能用俄文写日记的程度而感动！他们说："这是需要怎样的意志和决心啊！"教授们在翻译的时候做了这样一个说明："日记作者是初学俄语，由于考虑安全或其他原因，在日记中写了许多错字、别字及语法不通的句子，用了许多假名字、绰号。为了译得准确需要向了解情况的同志请教。"

重庆红岩革命历史博物馆保存的两本谭沈明狱中俄文笔记，时间是1949年7月至9月，笔记大部分内容是对当时狱中所知道的一些国民党和人民解放军战场消息的分析，以及报纸中有关社会新闻报道和狱中情形的记录。

从这些记录当中，我们可以看到在监狱这样恶劣的环境下，谭沈明是怎样坚持学习，坚持提高自己的思想认知。他从参加革命就有一个非常明确的认识：没有文化知识，怎样去建设一个新中国？不会外语，怎样学习外国的先进技术？

不断的学习使他一直保持豁达与乐观。他在息烽集中营关押期间，监狱长周养浩搞"监狱改革"，让被关押的人员劳动、种菜，每月还给一个银元的"生活费"。谭沈明省吃俭用，用积存下

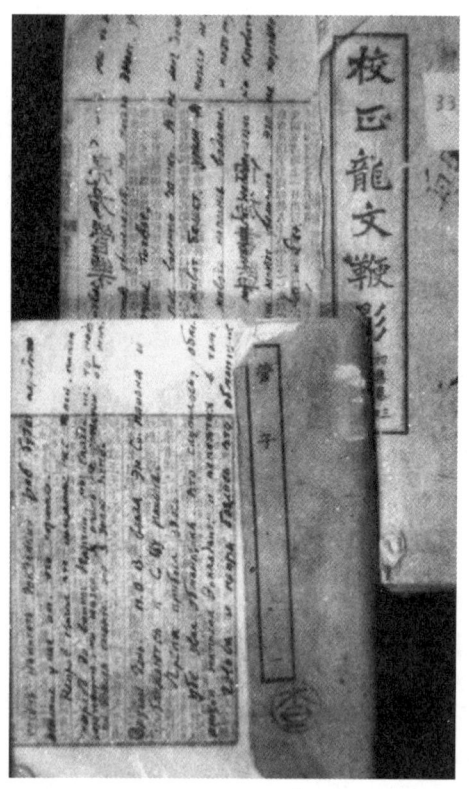

重庆红岩革命历史博物馆保存的两本谭沈明狱中俄文笔记

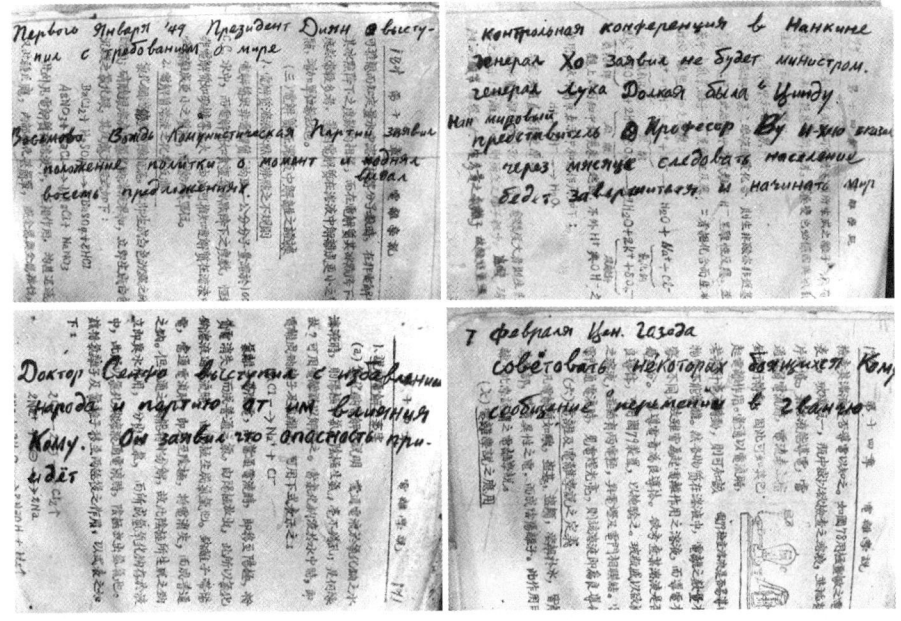

谭沈明烈士笔记

来的银元托人买到俄语字典和俄文书。他向往苏联，认为要学好列宁主义，就要学会读列宁的原著，就必须学会俄文。

学习的意义和价值体现在学习是未来发展的敲门砖，谭沈明对此有深刻的认识。他通过阅读、听讲、研究、观察、理解、探索、实验、实践等方式获得知识或技能。

在日记记载的三个月的时间里，他写道："结束了《艺术新篇章》""我开始读小说《自由港》""今天《战争与和平》这本小说我看了将近20页""读了《中国的启蒙运动》""读了有关'普西金的'的小说""我开始读新课的三卷34章第3部分""读了《自由的翻译》""读了《法兰西革命》""读了《恩格斯的生平》""读了《父亲》""读了《历史的秘密》开始读《新〈艺术〉》"……

一个仅有小学文化水平的人，通过自学读书不但极大地提高了他的文化水平，而且还提升了他对社会发展规律的认知和判断，由此更加坚定对马克思主义真理的捍卫和追求。

他读《新〈艺术〉》第二章"艺术、科学、技术"后做的笔记如下：

艺术和科学的目的完全一样的。它们都认识现实，帮助生活。

区别在于一个是认识和表现某一种感情的工具，另一个相反，是再现客观现实的特点。这是第一个区别。

唯有技术一次又一次进行实践，但他（它）不可能帮助人认识现实。艺术，当然需要技术。除此以外，他（它）能使人认识现实。

艺术的定义就是，认识现实的特点，并用技术完善巧妙地表现出来，依靠艺术了解自然和社会。艺术有利于生活。

这段笔记到底是他翻译书中的文字还是他读书的心得，难以考证。但文字的叙述表达却是非常清楚的。由此可见他的外语水平，的确像翻译日记的教授们所说：已经达到大学四年级的水平。

他还写道："读了《新〈艺术〉》，对艺术的认识是从根据到感觉，艺术是用特殊表现一般。我从图书馆借来了逻辑学，为了弄懂认识的过程，读了它以后，对思想概念、判断、因果关系，弄得清楚多了。"

"我读完了《正是半夜》一书，该书的目的是要说明在资本主义世界中国经济是怎样的命运。民族资本家不仅不能发展，而且或者将屈服于帝国主义，或者将灭亡。"

读书、思考、与大家讨论交流。"……他身体很瘦弱，但精神好，满口四川话，文学修养很好、英文也好，并且也学习俄文。……他当时与同牢的人关系好，很关心别人。"难友龚浩然回忆说。

受狱中条件的限制，在自学时谭沈明也有极大的苦恼："读了《中国的启蒙运动》，多次请求借词典，因好多单词我不懂。"

没有老师的指导，没有教学教案，更没有教室和同学，完全出自于对理想信念的追求，他拼命顽强地自学。这需要的不仅是毅力，更是一种目标非常明确的学习！被关押的人都非常渴望出狱，他们拼命努力地学习就是为了使自己能够适应社会的需要。求生，越狱，一直是狱中斗争的重要内容。

白公馆看守所

"在白公馆许晓轩领导我们建立了临时支部,他任支书,我与谭沈明任支委。临时支部决定,积极准备集体逃跑。要'跑一个是一个''谁有机会谁逃'。……谭沈明、许晓轩告诉我,他们住的那个牢房,有一个窗户上的大木格子可以搞开,从那里挤出去。窗户底下是一条又深又大的水沟,用绳索吊下去,从水沟里逃走。窗子的斜对面紧挨着水沟就是岗楼,因此必须趁暴风骤雨的夜里或趁电灯出了故障(出过一次)没有电灯时,才有可能。"小说《红岩》疯老头原型人物韩子栋回忆说。

狱中难友非常关注国共两党战场上的动态和消息,特别是人民解放军胜利的消息,会给难友们从思想上、精神上带来极大的安慰和喜悦。从看守所提供的报刊中,谭沈明记录下有关人民解放军的战场消息:

长沙全部进入战备状态。

海、陆、空交通全部停止了。杂志上最后谈道:"歌结束了,人散了。"

我们想可能这个首都很危险。

南方有五千起义军交出武器。

解放军占领了株洲，这是靠近长沙的重地。

晚上报纸来了，报纸上报导了重庆当局的事。我们非常高兴。我们每个人都谈论这件事，把这件事专门告诉了淘气鬼。

人民解放军已接近了赣州。

人民解放军逼近青海省会西宁。

从二楼来的消息，昆明已经投降了，我们听后非常高兴。

谭沈明在日记中把蒋介石称为"乌龟"、宋美龄称为"雌乌龟"。从阅读报刊中他做了这样的记录：

雌乌龟飞到在那里只停留了三个小时，她和她的流浪汉们商量广州封锁海口的问题使照会失效。

他的日记还记录：

雌乌龟飞到菲律宾，要同菲律宾共和国总统谈判如下问题。"淘气"（注：白公馆难友的绰号）发现了第二个问题，他猜到反动派想跑到那里去。……菲律宾外交部对杂志说，中菲会决定了三个问题。就是（1）同共产党斗争，（2）太平洋条约，但还有个问题他拒绝谈。但可以猜想，是菲律宾政府为何接纳打算跑到那里去的军官的问题。

政府很多人到台湾去了，少数人在重庆。

美国大使司徒雷登和上海总领事将于六月回美国去。他们将结束自己的事情了吗？

面对即将垮台的蒋介石国民党集团，谭沈明在思考着未来。他在1949年8月15日的日记中写道：

我考虑我们如何管理政府、各省、各市。第一，要消灭他们（的）军事力量，建立自己的军事力量，废除他们的政权，建立自己的政权、专门的秘密的警察。第二，要恢复工农业生产。但我们怎样来实现这两个条件，主要工作是组织和教育我们的同志。

"组织和教育我们的同志"，谭沈明意识到这两个问题对新生政权建立的重要性。把群众组织起来建设新国家，建立坚强的党组织、使党员必须具有马克思主义的理论，又红又专，发挥出党员的先进性、纯洁性和立党为公的党性和战斗力。

关于狱中的生活，谭沈明的俄文日记虽然是只言片语，却能够让人感觉到什么是禁锢的世界，什么是迫害！

谭沈明日记这样记录狱中的伙食情况：

七月一日，今天伙食分下来了，他们看守有两个菜而我们只有一个菜，早饭有一点胡豆，而昨天早饭则有点黄豆。

为了洗澡的需要，把三条烂毛巾连补成一条。

两天我们吃的是坏了的油，这个我们无能为力。

当我们吃午饭的时候，我只吃了一小碗饭，就没有饭了。我很生气，骂道，这个鬼地方早点毁灭。后来"勒"给我了一大碗干饭。他建议我换个碗。

早上的稀饭不够。中午的菜好，但很少。他们说将吃盐巴了，因为没有钱了。

菜很坏，真见鬼，全是藤藤菜、绿豆、南瓜。这个月没有盐，米也不好，而且经常饭很少。

中午吃豆芽，我们每个都很高兴，因为两个月都吃的南瓜、藤藤菜一类东西。我们还认为，可能伙食费增加了。但谁也不知道。晚饭吃的江（豇）豆，还比南瓜好。

关于被逮捕进来的人所受到的非人待遇，谭沈明日记中这样记录：

又带来两个老头，一个在二楼，另一个在厕所过夜。戴的是重镣铐，没有床，只有凳子，夜里他病了，想吐。

白公馆关押有几个"小政治犯"，他们是"小萝卜头"——宋振中和曾经在白公馆关押过的李荫枫、葛雅波的孩子李碧涛，以及郭德贤的两个小孩子郭小波、郭小可，还有就是王振华、黎洁双夫妇的幼华、小华两个孩子。

我们无法考证日记中所说的生病的孩子是哪一个。谭沈明日记当中这样记载：

小孩病了，他的妈妈为他的病重哭了。每个同志都很关心这件事。他得了什么病，大家都不知道，病情很危险。按中国话说叫可怕的风病，很多孩子都是得这种病死的。没有药，没有钱，没有医生，我们又没有能治小孩病的经验。

□□（注：此两个字暂无法识别）比我们有经验，但他不能下楼。他站在二楼对我们说中药方法："蛋和母亲的头发放在小孩的肚子上搓"，但是没有鸡蛋。

我们想买蛋来（做）治风热的药，但没有钱，而且没有人能够去买。我们是"囚犯"，不可能自由地做这件事。我们只有眼看（着）孩子死去。

但是谢天谢地，一个新来的犯人有这种药。小孩吃了，病减轻了。

当时，白公馆除了关押共产党员和革命志士外，还有一些国民党内部的"违纪人员"。这些"违纪人员"在狱中打探各种情况，以将功补过。关于狱中这种被关押人员的复杂性，谭沈明日记中这样记录道：

我们从图书馆借来的书被拿走了，因为要追查流言来源。传说是要罢狱，因为刽子手命令归还所有的书。

我不知道是谁把罢狱的话对凶手说了。

我想这件事的发生有两个原因，第一，可能是那（哪）个头头或者另外那（哪）个伟大的人物要这本书，第二，那（哪）个可耻的小报告人泄露了这个消息。

白公馆看守所关押的东北军抗日爱国将领黄显声将军和周从化将军，享受的"优待"就是可以每天看报纸。虽然总是送来过期的报纸，但是也能够为狱中获得一些信息。谭沈明在日记中是这样记录的：

读到地方报纸评论，说西方国家的经济危机越来越严重，越来越混乱，谈美国也将面临经济危机。

但是危机为何，内容是什么，我还不清楚。

政治局势变得严重和动荡。有三个地方都是这种局势。

昨天城里发生了火灾，听说烧了很多房子，烧死两万多居民。

在狱中，难友们相互称呼不能叫名字，只能叫编号。难友们用相互取绰号的方法，来抗议这种有名不能呼、有字不能叫的监狱管理。谭沈明日记中记录了白公馆难友的一些绰号，从中我们可以感受到他们的乐观和豁达，当然，这些外号具体所指的人员，我们也没法一一对应具体的人员。日记中记录了十几种人员的绰号："淘气""大头""老看守""常客""说谎""勒""卓别林""农业试验""歌手""公爵""赫"等等。

关于对未来、出狱后的希望，谭沈明日记中这样记录道：

"淘气"也想学习管理工厂，并且还想当官。我说我们将来做什么，由将来的形势来决定。

"歌手"说："留着青山在，不怕没柴烧。"

"淘气"说我不是想死、我怕被杀死,因为打自己是不安的,没有什么帮助。我只是想光明的一面。

还等两三个月的时间,光明就要来了。

谭沈明的日记,无疑是一份研究狱中情况的宝贵资料。他能够用外文记录狱中的点点滴滴,可以想象他在学习上是有多么惊人的毅力!这源自于他是真理的信徒!

郭德贤、杜文博对谭沈明印象最深的是,他经常说到了考验我们的关键时刻,"脸不变色,心不跳"。他随时准备牺牲自己。他要用自己的生命捍卫真理。他对牺牲自己换得人间幸福有极强的崇高的使命感。当他走向刑场的时候,他指着特务杨进兴说:"你作恶多端,跑不了的,我们先走一步,你就跟着来!"面对死亡,他无所畏惧。

脱险志士郭德贤、盛国玉在烈士墓纪念碑前合影

谭沈明等烈士追悼大会现场

也许我们现在根本无法理解烈士们为什么在"党组织有可能不知道我们"的情况下还要坚持。"留得青山在，不怕没柴烧"，他们对生命意义的认识超越了生命本身的时间意义。虽然不能够看到光明的到来，但光明来到的喜悦，他们已经从精神上获得。他们不看重个体生命的形式，而看重自己生命意义的结果。这种结果为他们所带来的精神愉悦足以使他们为战胜死亡、压倒恐惧而义无反顾。

谭沈明，1915年出生，34岁被害。他的一生大多是在白色恐怖和监狱这个特殊战场中度过的。监禁没能改变他对共产主义真理的追求，折磨销蚀不了他对未来新中国的憧憬。铁窗黑牢阻断不了他对文化知识的追求。他不断积累为建设一个共产党领导的新中国而有的真才实学。

他一生没有谈过恋爱，也不曾有过相爱的经历。但是，他丰富的精神世界使他成为真理的信徒，并且为之奋战一生。

他在数年的监禁生活中，坚持学习，自发地锤炼品格，强化忠诚。

他把学习看做一个不断认识真理、掌握真理、信仰真理、捍卫真理的过程，一个不断更新理念、明辨方向、增强定力、锤炼本领、永葆初心的过程，更加笃定自信地凝心铸魂筑牢立场。

他的名字将永远在山城两江回荡。

★阅读思考：

1. 谈谈你对谭沈明关于艺术和科学笔记的认识和理解。
2. 是什么让烈士们在"党组织有可能不知道我们"的情况下还要坚持？

何功伟：
坚持真理、舍生取义

　　中国共产党从成立之日起，就把马克思主义鲜明地写在自己的旗帜上，把实现共产主义确立为远大理想，执着地追求真理和理想。在前赴后继、百折不挠、逐梦前行的奋斗史上，有多少革命先驱以"砍头不要紧，只要主义真"的坚贞不屈，以"为无产阶级和全人类的解放和共产主义的彻底实现而奋斗到底"的昂扬斗志，用鲜血和生命谱写了坚持真理、坚守理想的恢宏篇章。红岩历史中的何功伟就是这些革命英烈的代表！

　　1939年3月，为了加强对洞庭湖西北地区、鄂西地区党的工作，中共中央南方局决定成立中共湘鄂西区委员会。作为宣传部部长的何功伟，按照中共中央南方局的要求，通过办墙报、组织歌咏队等形式把抗战宣传工作开展得轰轰烈烈。1940年，宜昌、沙市失守后，钱瑛奉命去重庆到中共中央南方局工作时，把何功伟的妻子许云带回重庆红岩村，以便照顾她安全顺利地生孩子。中共中央南方局在听取了钱瑛关于湘鄂西区委工作情况汇报后，决定撤销湘鄂西党委，划区分别成立中共鄂西特委和湘鄂边特委，由中共中央南方局直接领导。同年8月，中共鄂西特别委员会在湖北恩施成立，何功伟任书记。

何功伟

两夫妻分开后不久，何功伟在国民党发动的第二次"反共"高潮中，于1941年1月20日，不幸与妇女部部长刘惠馨及大批党员被国民党当局逮捕，鄂西党组织遭受破坏，史称"鄂西事件"。

2月25日周恩来给中央书记处去电，告知"1月20日，湖北恩施（注：陈诚所在地）实行全城检查，共计捕去400多人。特委书记何彬（注：何功伟化名）被捕，现正设法营救中"。

国民党湖北省主席、六战区司令长官陈诚听到何功伟被捕的消息非常高兴。他一向欣赏何功伟的才华横溢、口才雄辩，尤其是欣赏他的社会组织工作能力，于是下令：务必促其转变立场，为本党所用！

为转变何功伟的立场，国民党湖北省委组织部、宣传部、三青团的劝降人员接踵而至，但何功伟的态度非常明确：我信仰共产主义，我是共产党员，我决不转变立场。

"国共合作，你应该效命国家参加抗战。"劝说人员咄咄逼人。

"参加抗战义不容辞，但是我只能以共产党员身份。既然国共合作，为什么非要逼我转变立场？"何功伟直击劝说人。

崇高理想以执着信奉真理为根基，追求真理以确立崇高理想为归旨。何功伟党性、人性高度统一，始终坚持真理、坚守理想，决不背叛自己的政治选择！

给何功伟送饭的老人回忆说：

他在里头一点都不怕。我每天给他送饭，天天听他在唱歌。他还要我跟他唱，我不敢唱，送了就在外边等他吃完。经常看到城里穿得体面的人、穿着军装的人，把他喊出来说话，有时候他和来的那些人吵得很凶，胆子大得很。他不想听那些来的人说，他就唱歌，不理他们，有时还把那些人骂走。我看他不想

国民党湖北省主席、六战区司令长官陈诚

和那些人说，有时转头就进去，来跟他说话的都是些大人物，但是拿他没得法子……

何功伟有自己的人生价值追求。他旗帜鲜明、自信从容！

2016 年 11 月 30 日，采访当年每天给何功伟送饭的当地老人

面对一个又一个的说客，何功伟赋诗填词，谱写了《狱中歌声》，抒发自己捍卫真理、决不变节的政治立场，也通过诗句来表达对妻子的思念和鼓励：

黑夜阻着黎明，只影吊着单形，
镣铐锁着手胫，怒火燃着赤心。
蚊成雷，鼠成群，灯光暗，暑气蒸，
在没有太阳的角落里，
谁给我同情慰问？
谁抚我痛苦的伤痕？
我热血似潮水的奔腾，心志似铁石坚贞，
我只要一息尚存，誓为保卫真理而抗争！
呵，姑娘，去秋握别后，再不见你的倩影，
别离为了战斗，再会待胜利来临。
谁知未胜先死，怎不使英雄泪满襟？
你失去了勇敢的战友，是否感到战线吃紧？
我失去亲爱的伴侣，岂不感到途征凄清？
不！姑娘，你应该补上我的岗位，坚决地打击敌人！
愿你同千千万万的人们，踏着我们的血迹前进！
呵，姑娘，天昏昏，地冥冥，用什么来纪念我们的爱情？
惟有作不疲倦的斗争，

用什么来表达我的愤怒?

惟有这狱中的歌声。

"不论要我去做什么,我都不会放弃共产党员的立场"。他拒绝去三青团试验区主持工作、拒绝到政府部门去做宣传工作,甚至拒绝出国留学……

"我只要一息尚存,誓为保卫真理而抗争!"

"不论工作、学习,只要以共产党员的身份,那我都会义不容辞!"

没有一人给陈诚带回可喜的消息。

后来,国民党当局为了说服何功伟,决定把何功伟的父亲何楚瑛送到牢房,妄图用亲情对他施加压力。

何楚瑛是湖北有名的乡绅,听闻儿子犯了王法,非常痛惜,干脆带上行李住在牢房里,与儿子就"立德、立功、立言""修身、齐家、治国、平天下"促膝长谈。但每一次激烈的交锋都是不欢而散。最后,何功伟向父亲明确表示:"我不希望你在这里充当政府的说客,希望你离开这个地方。"

何楚瑛万般无奈,只好离开牢房。

在狱中,何功伟想到自己自幼丧母,父亲一手把自己拉扯长大不说,现在还要为自己的事受苦作贱,真是于心不忍。他提笔给父亲写了一封信,信中这样写道:

儿不肖,连年远游,既未能承欢膝下,复不克分持家计。只冀抗战胜利,返里有期,河山还我之日,即天伦叙乐之时……当局正促儿"转变",或无意必欲置之于死,然按诸宁死不屈之义,儿除慷慨就死外,绝无他途可循。为天地存正气,为个人全人格,成仁取义,此正其时……

微闻当局已电召大人来施,意在挟大人以屈儿。当局"仁至义尽"之态度,千方百计促儿"转向",用心何良苦矣。而奈儿献身真理,早具决心,苟义之所在,纵刀锯斧钺加诸颈项,父母兄弟环泣于前,此心亦万不可动,此志亦万不可移……

然而，这封信却被交到了陈诚的手里。陈诚读完这封信十分感动，提笔在信上写下"至情至爱，大忠大孝，真伟人也"，随后下令把何功伟的父亲请到办公室，把信交给了他。

何楚瑛看了这封信后，号啕大哭！

陈诚在一旁说："我派你儿子到政府去工作，他不愿意；送他到三青团试验区组织工作，他也不接受。像他这种人，放到社会上与政府搞反动，那不是件好事啊！"他希望何楚瑛能够再到狱中去对何功伟做最后的规劝。

当何楚瑛又一次来到狱中时，他带了一坛米酒。

何功伟见父亲又出现在牢房门口，非常生气地说："我不是让你不要再来这个地方了吗，你怎么又出现了?!"

何楚瑛没有搭理他，放下酒坛子倒了一碗酒："我今天到这里不想和你争论什么，我是来给你送一个喜讯的！"

何功伟不解地问道："我身在牢房，有什么好事？"

何楚瑛端起酒碗，高兴地对儿子说："你知不知道，你的妻子许云在重庆红岩给你生了个胖小子，老夫我今天专门来给你送这个喜讯……"

何功伟一听，兴奋地跳了起来："我有孩子了！我是父亲啦！"

他立即接过父亲手中的酒碗，将酒一口饮下。

何楚瑛立即又倒出一碗酒端起来："那好，我们喝完这碗酒就一起去重庆，看看你的儿子，抱抱我的孙子，你看如何？"

何功伟听闻此言，立即明白了父亲的来意，背转身过去，不再搭理。

何楚瑛端着酒碗，无奈、凄苦地对儿子说："我知道你会这样的，所以我今天来此还想把话与你挑明，一旦我去了重庆，那将是一手抱孙，一手就丧子啊！"

看见儿子没有搭理，何楚瑛痛苦地将酒泼洒在地，"扑通"一声跪在儿子身后说："老夫我自幼饱读诗书，满腹经纶，原以为教子有方！可没想到今日面对你所谈主义理论，我无言以对。他日杀你必是陈司令长官，老夫我一定在东门守候为你殓尸。我要在你墓碑上刻上'何少杰'三字，以便日后你妻儿辨认……"

何功伟被关押的牢房

说完，何楚瑛站起来要离开牢房。

何功伟转过身来，失声大哭："父亲大人，你自己多保重。"然后，他从稻草地铺里拿出两封信，希望父亲送到重庆红岩。

陈诚知道这一情况后，连连说：可惜、可惜……当天，也即1941年11月17日，陈诚下令处决何功伟。

监狱长阎夏阳为何功伟在狱中数月来的精神气节所感动，当何功伟被押出牢房的时候，一手拦住去路说："你现在点一点头，就算有悔改之意，我立即上报，可以把行刑暂时压一下。"何功伟没有搭理阎夏阳，继续向前走去。阎夏阳再一次跑上前去拦住何功伟："生命那是不可失而复得的呀！"何功伟仍然没有停下脚步，继续向前走去……

枪声响起，年仅26岁的何功伟倒在了血泊之中。

革命先烈为了理想和真理慷慨赴死，靠的是信仰坚定。真理和信仰给予他能够发挥出超越生理现象的精神意志力，去压倒死亡，战胜恐惧。这是何功伟身上最鲜明的政治品格。

后来，何楚瑛辗转来到重庆红岩村，将儿子的两封信交给了董必武。董必武看完信后激动不已，当天晚上在红岩村召开党员大会。会上，董必武亲自宣读了何功伟写给父亲的信：

……而儿之所始终背弃大人养育之恩，断绝妻子之爱，每顾不悔者，实不愿大多数人永久利益以换取吾一家人之幸福也。谁无父母、谁无妻儿，儿安忍心出卖大家，牺牲他人，苟全一己之私爱？儿决心牺牲个人，以利社会国家，粉身碎骨，此志不渝……

……胜利之路，纵极曲折，但终必导入新民主主义新中国之乐园，此则为儿所深信不疑者也。将来国旗东指之日，大人正可以结束数年来之难民生涯，欣率诸弟妹，重返故乡，安居乐业以娱晚景。今日虽蒙失子之痛，苟瞻念光明前途，亦可破涕为笑也。

周恩来宣读了何功伟写给妻子的信，信的最后写道：

云妹：

在临刑（前）不能和你再相见一次，不能吻一吻我们的小宝宝了！我一定坚守阶级立场，保持无产阶级清白，忠于党……告诉我所有的朋友们，加倍的努力吧！把革命红旗举得更高，好好地教养我们的后代，好继续完成我们未完成的事情！

何功伟的妻子许云闻信，抱着孩子失声痛哭。
周恩来同志说："让我们大家记住功伟、学习功伟！"
1942年6月13日，毛泽东致电周恩来，指示中共中央南方局为被国民党当局杀害的何功伟等开追悼会。
延安各界在八路军大礼堂举行何功伟、刘惠馨二同志追悼会。中共中央青委书写挽联："为努力解放事业而遭杀害乃整个民族创痛；坚持革命立场至于殉节是全体青年的楷模。"
《解放日报》专门发表了《悼殉难者》的社论，表达了全党和全国青年对烈士一生的高度赞扬和深切怀念。
2021年6月10日，我在两江新区人和街道红岩文化史料研究中心厉华工作室采访到重庆来"寻根"的何功伟儿子何继伟。
谈到从未见过面的父亲，何继伟说："我没有见过父亲，父亲也没有见到过我。但是你们的工作

何功伟妻子许云和孩子

在厉华工作室展厅采访何功伟儿子何继伟

能够帮助我认识、了解父亲。父亲、爸爸对我们这些人来说只是一个名词,很遗憾!但我从遗憾中能够感到欣慰的是,他们的追求变成了现实。"

当时在建党百年之际,何继伟把写给父亲的一封信给了我。这是一封跨越时空、慰藉在天之灵、力透纸背的呼喊,也是一个儿子对父亲的深切怀念……

亲爱的爸爸:

我有两个名字,您可以叫我"小彬",也可以叫我"继伟"。这两个名字都和您有关。妈妈说,您在革命时化名"何彬",叫我"小彬"是为了念着您,而"继伟"则是您给我起的,您是希望我继承您的理想,完成您未竟的事业。

爸爸,日寇早已被赶出了我们的家园,革命胜利了,您为之付出生命的事业和理想实现了。可惜的是,您没能亲眼看到这一天。

您也没能看到我。您知道吗?我人生的第一张照片就是为您拍的。那是我的满月照,但当妈妈兴高采烈地想把照片寄给您时,却得到了您刚刚被捕的噩耗。就差了那么几天,却让您一生都无法知道我的模样。这也成了咱们全家永远的遗憾。

有时候我就在想啊，您在给妈妈写那封诀别信时，脑海中亲吻的小宝宝会是什么样的呢？那是不是我呢？这次给您写信，我要把这张照片一并寄给您，好让您看清楚我的脸。不过，如果我们能相见的话，您一定能一眼就认出我，因为乡亲们都说，我们俩很"像"。

爸爸，我不只继承了您的长相，更继承了您的精神和理想。18岁，我就加入了中国共产党，并将一生奉献给了祖国的航天科技事业。2001年，我被国家人事部和国防科工委评定为"全国国防科技系统劳动模范"。在接受这份荣誉的那一刻，我多想您能亲眼看到，拍拍我的肩膀，为我骄傲。

爸爸，您看见了吗？如今我们国家正在建设属于自己的宇宙空间站，遥远的火星也即将留下我们的足迹。我们的国家已经成为了航天科技大国。我们的志向是星辰大海。这恐怕是您不曾想象过的未来吧？

爸爸，您的精神一直鼓舞着我们，我们从不曾忘记您。您当年希望狱友们出狱后能在您的墓地上种一棵小红花，他们做到了。您播下的信仰的种子已经生根发芽。您留下的诗句也激励着一代又一代的年轻人。

2000年，您的老家方家坝村更名为何功伟村。那里的小学也改成了何功伟小学。在您长眠的地方还建成了革命烈士陵园和红色教育基地，供后人瞻仰。

爸爸，您不忍回望的破碎山河，如今已是一片欣欣向荣。

爸爸，您放心吧！

儿子何继伟写于您牺牲后的79年

中国共产党领导的民主革命之所以能够成功，中国共产党之所以能够由小到大、不断发展，就是因为有无数像何功伟这样忠诚于自己的政治选择、坚持真理、决不背叛的先进分子。

何功伟敢于杀身成仁的精神支撑力是什么？

人格不朽这一伟大事实的确立，使短暂的生命获得了一种意义：文化的自信。

夏、商、周、秦、汉、唐、宋、元、明、清，几千年的中华文明史不断积淀、升华，形成了"天下兴亡，匹夫有责""先天下之忧而忧，后天下之乐

与何继伟在厉华工作室展厅合影

而乐"的文化能量，给何功伟一种超越生理欲求的精神力。这，就是文化的自信。

忠诚于自己的政治选择，决不背叛，是红岩英烈的一个显著特点。

党性是一种政治规定性，下级服从上级、个人服从组织、全党服从中央，在任何情况下要完成党交给的任务，做到忠诚而决不叛党；人性是一种客观存在，生存欲、食欲、性欲，对物质和利益有原本的追求，这是人的欲望。在政治上做出选择，通过不断修身律己，把党性、人性统一，是一个根本前提。

"忠贞那惜头颅掷，含笑刑场典范留。"这是中共中央南方局老同志钱瑛对何功伟的纪念。

为了捍卫真理，坚守我是党的人这种政治立场，何功伟"为天地存正气，为个人全人格"，敢于杀身成仁！只要一息尚存，誓为保卫真理而抗争。在何功伟的心目中，存有"常思奋不顾身，而殉国家之急"的坚定信念。他坚定地认为，"胜利之路，纵极曲折，但终必导入新民主主义新中国之乐园，此则为儿所深信无疑也"。

　　为了捍卫真理，坚持党性、人性的高度统一，何功伟"决不苟全一己私爱，牺牲个人以利社会国家"。面对父亲、妻子和未及见面的儿子，何功伟深知忠孝不能两全，家国岂可并顾？为了捍卫真理，为了大多数人的永久幸福，为了党的事业，何功伟甘愿牺牲个人的一切，用鲜血和生命书写了忠诚。

　　他是真理的信徒，为真理而生、为真理而战！

　　我热血似潮水的奔腾，心志似铁石坚贞[①]。

　　为真理杀身成仁，何功伟无上荣光！

★阅读思考：

1. 何功伟敢于杀身成仁的精神支撑力是什么？
2. 怎样从党性、人性统一的角度理解何功伟的"为天地存正气，为个人全人格？"

[①]《忆许云——何彬遗作》，《新华日报》1942年10月10日第四版。

韦奚成：鞠躬尽瘁，一生为共产主义理想而战！

坚持理想信念，坚守初心使命，在生死斗争和艰苦奋斗中经受住各种风险考验、付出巨大牺牲也在所不惜，从不变的信仰中寻求革命理想高于天的目标方向，锤炼出鲜明的政治品格，重庆南川的韦奚成烈士就是这样一个在红岩历史中被世人知之甚少的革命知识分子。

韦奚成，原名韦继端，1890年7月14日出生于南川元合乡合溪场（今南川合溪镇）郭家沟半边田。从小受教于私塾韦回先生。五年私塾的刻苦读书让他能够背诵"四书五经"；数百次抄写古籍的刻苦学习，练就了他一手好字和养成记事写日记的习惯。在老师无数次的授业传道中，他奠定了爱国爱民的情怀和立志作为的理想。早年丧父，他在母亲向氏及祖父的关照下读书成长。13岁时便考入南川的隆化书院读书，开始系统地接受正规的文化知识教育。创办于清代的隆华书院是当时南川官办的县立高等小学。

他，19岁开始求学探索，加入同盟会，接受马列主义，立志改变中国积贫积弱的现状。投笔从戎，参加反对军阀的国民革命军。

他，接受进步思想，宣传革命，组织革命团体，加入中国共产党。

他，在合溪开展组织反清袍哥组织

韦奚成

"同仁会"，建立秘密农民武装。

他，抓武装、办教育，在南川金佛山地区为党的活动打下了坚实的群众基础，努力奋斗了20多年。

他，土地革命战争时期，按照中共中央"八七"会议精神，以教育为掩护，在家乡建立党组织，开展革命活动，经历武装暴动、打土豪、被逮捕，矢志不移，又转移到云阳以教书为掩护，开展革命活动，并且担任中共云阳县委书记。

他，抗日战争时期，特别是"皖南事变"后，严格按照党的"16字方针"，执行"三勤三化"政策，回到合溪，以教师职业为掩护，以建立"两面政权"的方式控制了乡政权，开展统战工作，为党建立川黔边区据点、交通疏散地，掩护党员，积蓄力量，为党在川黔边区建立了可靠的社会和群众基础。

在女儿韦昭懿1984年写的纪念文章《回忆我的父亲韦奚成》里，记录了以教师、乡长职业为掩护的地下党员父亲的事迹：

从我记事之日起，父亲很少回家，只知他小时读书在外。辛亥革命头一年，他参加推翻清朝的活动，回到家乡组织过什么团体。后又听普生哥说，他在熊克武的讲武堂毕业后，曾在刘伯承部下任过连长、营长、警卫营营长。

建于清代光绪年间的南川隆化书院，是一所官办学校。韦奚成苦读"四书五经"，从中华传统文化中吸取营养，在不断接触社会的过程中了解时政。

1906年，他先考上重庆体育学院读书，一年后又转学到重庆府中学堂读书。面对腐朽的清王朝，韦奚成在一篇作文中写道：

清王朝"分崩离析，乱七八糟，勾心斗角，官场腐败，已成社会问题"。

1909年4月，19岁的韦奚成加入了中国同盟会，开始追求革命、投身于振兴中华的事业。发动民众，宣讲形势，组织社团，聚集力量，是那个时代知识分子"天下兴亡，匹夫有责"的具体行动。在偏远的山区合溪，韦奚成传播革命思想，以保路运动组织农民成立同仁会。为推翻封建帝制，他往返于合溪农村与重庆之间。

韦奚成女儿回忆，父母结婚较早，母亲邓雪梅结婚后一直在家抚养大女儿韦昭懿（1911年生）、大儿子韦一生（1912年生）、二儿子韦昭普（？）、三儿子韦昭阳（？）、四儿子韦汉生（1928年生）。

韦奚成完全投身于社会革命之中，无法分身兼顾社会这个大家与自己的小家。尤其是面对革命风潮席卷中国大地，他要学的东西太多，要参加的活动太多。但是，有一点是他的基本点：立志改变自己的家乡，让老百姓能够有尊严地活着，让老百姓能够幸福地生活，而这一切都需要在社会变革中去实现。

1911年，21岁的韦奚成到万县以学生身份参加蜀军的"义士团"，在炮兵连当兵时结识了20岁的军人刘明昭（注：即刘伯承），其后与他共同进入蜀军政府陆军将弁学堂学习军事，并且从速成班结业后，在川军第五师见习，刘伯承为事务长，韦奚成任排长。

1912年春，"二次革命"失败后，韦奚成回家乡避难，和韦光炜等继续从事反袁活动。1915年7月，韦奚成协助刘伯承，策动涪陵警备队长杨光烈率队参加川东护国军。1916年，韦奚成随刘伯承参加了护国战争。他机智勇敢，沉着果断，身先士卒，被提升为连长。1919年6月，韦奚成任川军第五师第二混成旅第一团巡查队连长。因善于带兵，训练有素，军纪严明，被提为第五师第二混成旅第一团的营长。1922年刘伯承任第一团团长时，韦奚成是该团营长。他们在出生入死的戎马生涯中，结下了深厚的战斗友谊。

女儿韦昭懿回忆：

我4岁那年，也就是1915年，具体时间记不起了（注：韦25岁，推断她是1911年出生，再推算1910年与妻子邓雪梅结婚），父亲回到家里，邻居的人问我，你家来了什么人？我说："客客来了"。后来大家取笑我，称父亲为"客客爹"。大概8岁的时候，父亲又回到家里。这次回来，他劝我的祖母和母亲送我上学读书。

女儿不认识父亲，把父亲当客人，这就是那个革命者的家庭情况。韦奚成在外参加革命活动，妻子一个人担负起家庭的重担。尽管韦奚成也把在外收入除自己生活和购买书籍外的结余带回家中，但是一个妇女在农村下地干活，上有老下有小，她一个人承担的重担可想而知是多么地重！邓雪梅，找不到有关她的资料，但是韦奚成在外从事革命活动，他的家全是靠这个妇女支撑着的。男人回来她高兴，男人说走就走，她也无怨言，只是一句：注意安全，早点回来。对于丈夫要求女儿读书，妻子虽然要减少一个帮手，但是她觉得丈夫的建议是对的。在那个"女子无才便是德"的年代，邓雪梅能够支持丈夫的建议，送女儿去读书，她是要承担多大的压力啊！

1924年春，韦奚成在"讨贼之役"（反袁战争）的蓬溪战斗中，被打断右小腿。从此，他常拄一根木手杖，身穿长衫，走路稍跛。1925年，韦奚成在重庆养伤期间，阅读了大量《新蜀报》《烛光》等进步的报刊文章，参加了"四川平民社""学行励进社"举行的演讲会、谈话会等，初步接受了马列主义思想。

他在带兵与军阀作战的过程中，坚持读书学习，分析思考，用收入购买书籍是他最大的乐趣，并且坚持每天必读书数十页，"……嗣少年未成学，常从事读书以为亡羊补牢之计……（1919年7月8日）"。作为民国刚建立，就有军功当了营长的韦奚成，在那个年代对合溪这个偏远的川黔交界处是一件很不得了的事情。韦奚成没有像有的民国军人那样利用权力攫取财产，三妻四妾，反而是对社会陋习进行抨击。他极力呼吁放开女人小脚，倡导军官不打骂士兵，不接受送礼，不忘英勇作战牺牲的士兵。他指出军官纳妾"……导致人沉溺于声色，消灭人之斗志，于其军中则为大忌"。有了这样的世界观，韦奚成对自己的妻子从一而终，在外革命奔波，只要回家他就帮妻子干农活，将在外获得的军饷交给妻子作为家用。

韦奚成由学生到军人，在青年时期、风华正茂之时追随孙中山救国救民走上戎马生涯，在川军中与刘伯承参加讨袁战役、护国战争、护法战争、讨贼之役，东征西讨，南北征战，把满腔的爱国热情全部倾注到革命的事业中，甚至将满腔热血洒在疆场上，也是在所不惜。

在女儿韦昭懿的记忆中与父亲的接触真是不多。

1922年父亲（32岁）来信了，一定要我出外求学。后经大伯娘的侄儿赵书元介绍，第二年（1923年）春节后，普生哥把我送到涪陵仁济医院子弟小学校上学。赵书元在这个医院里，教外国牧师的中文，很关照我。我就天天同他的妹妹书萼一同上学。1924年三四月的一天，赵书元告诉我：你父亲作战受伤，住在重庆红十字医院。由于想念父亲心切，这一学期好容易才熬到暑假，重庆文峰塔中学教师高长江夫妇来涪陵，把我和书萼带到了重庆。我在红十字医院看到了父亲，那时他还在病床上，不能自由下地活动，在他右腿下面，骨已缺了一块似的，深深地凹下去了。我就经常在医院服侍他。暑假结束，开学了，高长江夫妇把我和书萼介绍进了文峰塔旁的一所教会小学读书。初冬，父亲出院，借住在姓韦的婆婆家。一到星期日，我就去那儿和他住在一起。他对我要求很严，经常叫我看报。有次他考问我："你看报没有？"我说："看了的。"他又问："孙中山是哪一天死的呀？"我答不出来。但一转念即说："我看不懂，不晓得哪里接哪里。"他严肃地批评我说："撒谎！"他教育我做人要诚实、勤奋，看不懂就要问。此后，他将必看的内容作了符号，衔接处画上箭头，这时我只有13岁。

1925年下半年，父亲的伤痊愈了，经人介绍在重庆小什字福音堂小学教书。他经常写好信叫我去邮局投入信柜或邮箱。我看信的封面常常都是杨闇公、贾岱等人的名字，但那时我年小，只知交信，不懂得交的什么信。

入党以后的韦奚成，以在家乡办教育为掩护，发展革命力量。

1927年大革命失败后，回到家乡的韦奚成与共产党员谢德璋、张烈、李义、肖子洋等人创办合溪国民初级小学校。他担任校长并兼任元合乡团总，同时还创办了合溪中药铺，秘密开展党的地下工作，创建革命根据地，先后在合溪的郭家沟、核桃坪发展农协会员韦明州、韦银州等数十人，组成合溪秘密农民协会，开展打土豪的革命活动。元村、合溪两乡的群众，推举有知识、有威望的韦奚成任团总。

韦奚成，从早年开展武装斗争到办教育为党的事业扩大群众基础，他的思想、他的工作，表现出了中国共产党人服务人民的初心本色。在1927年11月的日记中他记述：

发动民众，必先教育民众。

创办平民学校，虽属义务，但余与若辈为国民之一分，因贫失学至为不幸而可悯。转念吾人地位自我优越，惟知识条件列中等，以言人之道，贵在服务社会，服务劳苦大众，实负先觉引导后觉之责任，故亦颇为高兴。

"实负先觉引导后觉之责任"，是他追求共产主义理想所承担的一种使命，也是他扩大党的阶级基础的实际行动。

女儿回忆说：

一直到1928年暑假前，父亲从家里来信，叫我放假后火速回家，看望重病的祖母，同时给我寄来六元钱，叫我买两瓶碘酒带回家，剩下的钱作路费，并在信中告诉我："决不能坐滑竿，一个人决不可将自己的脚踏在别人肩上，把别人肩头当自己的脚。"这年我回家，才知道父亲离开重庆后，在南川的石牛溪办团练干部训练班。我把买的碘酒交给了他，只见他在房间里拿出一张没有字的纸，用笔蘸上碘酒在纸上一刷就显出了字（秘密工作）。他给我说，这字是用米汤写的，其他什么也没有讲。

在打土豪分田地的土地革命中，韦奚成组织农民在合溪一带除暴安良，遭到了土豪冯炳宣的报复，南川县政府设计拘押韦奚成和其二哥韦吉成。

经过党组织多方营救，南川县政府才以"共党嫌疑，查无实据"释放了韦奚成。韦奚成出狱后，隐蔽到涪陵仁济医院当文牍，很快与涪陵地下党取得了联系。中共涪陵县委指示韦奚成在仁济医院秘密建立特别联络站，负责掩护同志，传递消息。但是，当他的挚友韦光炜被土豪恶霸冯炳宣勾结团防张茂春、贿赂川军郭汝栋部团长刘家驹暗杀后，韦奚成不顾危险收殓其尸，不幸又于1930年腊月，在仁济医院遭到刘湘部侦缉队逮捕，囚于涪陵监狱。其间韦奚成在狱中写信给女儿要她安排后事。告诉女儿"宁愿天下人负我，切莫我负天下人"。

1932年4月，韦奚成经好友赵书元营救出狱，回到家乡与亲人短暂团聚。那时的韦奚成才得知，其小儿子早在团阀抄家时被活活压死在床上，二儿子因患天花死于避难途中，三儿子因营养缺乏而死，兄长被羁押在牢中，嫂子被团阀殴打致死。韦奚成愧感"虽死不能尽人子之责也"，又迅速擦干眼泪站立起来。他把妻子邓雪梅的名字改为"邓腊成"，寓意笑傲冬雪之腊梅将会推动革命的成功。随后，他告别妻子，前往犍为、云阳等地投身革命事业。

"皖南事变"后，韦奚成带领党员曾玉石、郑华于1941年1月下旬回到家乡南川合溪场。2月为了积蓄力量，以便国民党突然袭击共产党时，有一个撤退的地方，党决定在川黔边区建立党的活动据点，以便组织疏散和向黔北发展。

韦奚成回到故乡，虽然病情越来越严重，但他决心与病魔作斗争，为革命耗尽最后一丝精力，为此将名字改为"奚成"，以悔恨前无建树而鞭策自己倍尽余力。

在合溪，韦奚成坚决执行党的"三勤三化"的要求，通过开明绅士韦萃廷和上层统战关系，当上了合溪小学校长兼合溪乡长职务。韦奚成教授历史课，讲人类社会发展史，给学生灌输基本的唯物主义思想。校内尊师爱生，没有封建奴化教育的现象。学校由50多人迅速发展到200多人。韦奚成说服妻子将正在修房所用的木料搬到合溪小学建设校舍，动员刘海廷、韦萃廷、韦进臣分别捐献土地、木料、黄谷等，整修教室，平整操场，购置设备。他通过为家乡人民办好学校，改革乡政，打开了工作局面，为党建立了地下组织活动的据点。

在农村办学，教书育人，为党工作开辟据点的坚定理想信念，使他决然地拿出家产办学。这是他的精神追求,革命理想高于天。

当时,中共中央南方局建立了五条秘密交通线:第一条以重庆为中心,建立了延渝线、川鄂线、川黔线、川滇线;第二条以桂林为中心,包括南方工作委员会(以下简称南委)、广西省工委、湖南省委的秘密交通;第三条以香港地区为中心,还与海外一些地区建立了独立的交通联系;第四条以上海为中心,在土地革命时期秘密交通线的基础上建立,为沟通解放区、敌占区、国民党统治区发挥了重要作用;第五条是南委的交通线,北可与新四军苏北根据地联系,南可沟通香港地区。另外还建立了中共中央南方局与各省委、特委的秘密交通。

韦奚成故居

川黔边区的南川合溪,即是秘密据点,也是一条关键时刻使用的交通线。

人生天地间,长路有险夷。韦奚成时刻惦记的是合溪建立起来的党的工作据点一定要牢牢掌握在自己人的手中。

1942年农历三月上旬,韦奚成肺结核病急剧恶化,卧床不起。他与在合溪学校任教的地下党员温凯廷商量,为了使共产党在合溪长期控制乡政权,由韦奚成以乡长名义,召集保长、保代表来安排后事。病床上骨瘦如柴、咳嗽不止的韦奚成,躺在一张木板上,被妻子和族人抬到堂屋的木架上。靠在妻子的怀里,韦奚成一个一个地看着应他要求来商议事情的人。从辛亥革命后,韦奚成以合溪一带为据点,发展革命力量,为党在农村开辟工作据点,取得了乡长身份,开办了国民小学,为党建立了灰皮红心的"两面政权"。他希望自己离世后这个地方仍然能够是党的工作据点,合溪镇和合溪小学一定要在党的把控下,建立起来的川黔边这个"据点"一定要继续发展下去。

他用微弱的气息带出他的话:希望由副乡长韦翠庭接替他为乡长,温凯廷当副乡长,张琼英做国民小学的校长。他建议大家如果同意,请投票通过,并报县政府和教育局审核。投票结果是一票不差地选出了合溪乡长和校长。就这样,我党牢牢控制了合溪乡政权,把合溪建成了中共党组织在川黔边区重要的革命据点,为解放战争时期党的大发展作出了贡献。

在生命的最后,他断断续续地留下一句话:"我不能死,我还有好多事情要去做……"

1942年5月7日,韦奚成逝世,终年52岁。合溪乡的共产党员、革命师生和人民群众把他安葬在青龙嘴山下。为了永远怀念韦奚成,人们改青龙嘴山为"端山"。合溪小学以韦奚成捐赠的书籍办起了"奚成图书馆"。1951年,党和政府追认韦奚成为革命烈士。韦奚成虽并未战死沙场,但他的一生都在为革命而战,为家乡而战,为党建立川黔边稳固的据点而战。

在理想的召唤下,在合溪这块土地上,一个又一个的共产党人前赴后继,追寻真理、砥砺前行。

韦奚成一直保持写日记的习惯,而且各种往来信件,都会在日记中有所记载。在与子女和侄儿的信件中,可以看到他是怎样教育后人的:

他教导儿子:

你在学校除专心求学以外,对于国家和时局的情形也要留心观察,切不

韦奚成建立的合溪特支旧址

可落在反革命的漩涡中为要，此示。

他要求儿女：

革命的路靠自己走，人生的里程靠自己一步一步地前行，哪怕路十分十分的遥远，哪怕里程上有坎坷泥泞，只要一步一个脚印地往前走，就一定会走得更壮丽。

他告诫子女：

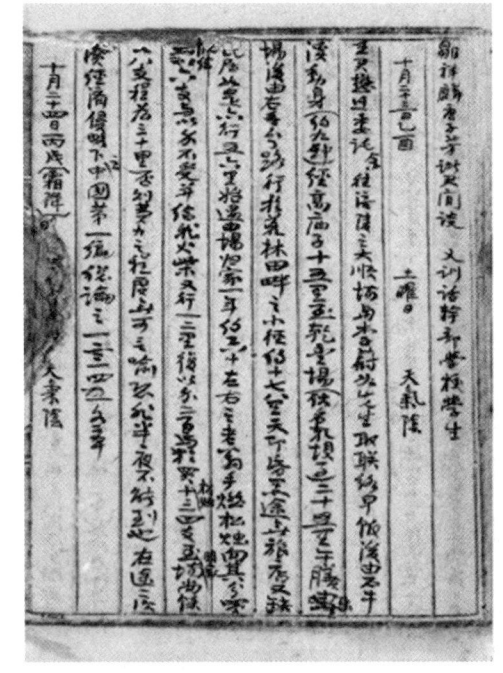

理想是人的精神支柱，理想是进取的力量。在人生道路上，不只是在顺境里认识人生，更重要的是要在痛苦中、寂寞中、逆境中，认识繁杂的世界，哪是真的，哪是假的，由此而锻炼出明镜无尘的心境，才能深刻地体验人生。青春，美好的时光；学习，奋飞的翅膀；青年，社会的栋梁；奋斗，谱写的篇章。

韦奚成日记

他告诉儿女：

没有思想上的清白，也就不会有金钱上的廉洁。

他作为丈夫，关爱妻子；作为父亲，言传身教；作为志士，忠勇为国。他的世界眼光、国家意识是最好的家风家教典范。

过去是苦中寻求的13年，也可算是眼花缭乱的13年，多少人物侧身而过,多少体验、多少思绪长驻心头。而今大难不死,望其有为。处在中国人民受灾难的岁月,人活着就要为解除国人苦难而斗争。(注:1925年秋)

《烛光》是我心里之光。找到了所追求的真理,参加中国共产党。置身为党为民,革命到底。(注:1926年夏初)

"历史长河浪卷涛涌奔腾浩海,金山巍巍志不可移精神永存"。韦奚成一生五个子女,除大女儿外,四个儿子有的被反动派杀害,有的死于疾病和饥荒。但他,"终身为党工作,竭心尽力,两袖清风,身后萧条"。他始终坚守"宁愿天下人负我,不要我负天下人"座右铭,严于律己,克己奉公,把自己的一切献给党的事业,做到鞠躬尽瘁。

从组建农民武装到参加护法战争;从入党之后积极发展党员到多次入狱仍坚守信仰;从积极改革弊政,为民分忧到创办学校,宣传进步思想……韦奚成虽并未战死沙场,但他的一生都在为大众而战,为理想而战,为党而战。

韦奚成,一个跨越辛亥革命时期、大革命时期、土地革命时期、抗日战争时期四个历史阶段的革命者;一个创建川黔边合溪地区党组织的知识分子;一个以教育为掩护开展革命活动的地下党工作者;一个坚决执行党组织"隐蔽精干、长期埋伏、积蓄力量、以待时机"政策的地下党秘密工作者;一个贯彻中共中央南方局灰皮红心,践行"勤学习、勤工作、勤交友、职业化、公开化、合法化"的优秀党建工作践行者。

韦奚成的一生充分体现了伟大的建党精神:坚持真理、坚守理想,践行初心、担当使命,不怕牺牲、英勇斗争,对党忠诚、不负人民。

中国共产党为什么能够创建新中国?韦奚成从农村最基层党的建设,到发动教育群众的生平事迹,给予了历史最自信和最有力的回答。

作为一位革命的知识分子,韦奚成服务桑梓、重视教育、革新社会、为党的社会工作倾心尽力;作为一位丈夫,他关爱妻子;作为一位父亲,他言传身教;作为一位志士,他忠勇为国,有世界眼光,国家意识是他的家风家教。

他一生为共产主义理想而战！他坚信没有对马列主义的真正认识就不可能有思想上的清白，由此也不能做到立党为公，服务大众，鞠躬尽瘁。

★阅读思考：

1. 韦奚成说："没有思想上的清白，也就不会有金钱上的廉洁。"我们怎样理解"思想上的清白"？
2. "理想是人的精神支柱"。理想就是对向往的追求吗？

谢育才：
对党忠诚，不计名利，不负人民

对党忠诚，不计名利，不负人民，是对谢育才一生准确的评价。

他从不动摇对理想信念的追求并为之努力奋斗，矢志不渝。

虽然他不断地被审查、被降级、被调动，但他始终坚持为人民服务的宗旨，做实事为国分忧，不计名利。

1904年出生在海南万宁的谢育才，大革命时期做过万宁县国民党党部的农民部部长，那时他21岁。1926年入党后从事农民协会运动。大革命失败后，先后担任过中共万宁县委书记、中共琼崖特委委员、中央红军福建军区政治部科长、中国工农红军独七师参谋长兼第五团团长及政委。抗日战争时期，他又担任闽西人民抗日义勇军第一支队支队长、第二纵队政委。1941年，又任中共福建省委常委兼组织部部长，闽西南军政委员会委员，闽粤赣边省委副书记。1940年11月，受中共中央南方局调遣到江西任省委书记。1941年5月，谢育才带着妻子王勖离闽赴任中共江西省委书记。

1941年6月上旬，谢育才与妻子王勖在交通员的护送下到达江西吉安，被省委驻吉安机关负责人、省委宣传部部长骆奇勋（鼎）安排在吉安郊区省委统战部部长林鸣凤家暂住。由于王勖怀孕在身，7月初，谢育才一人随交通员到达江西省委机关所在地——吉

谢育才

安以西四百里的洋溪山。

到达吉安后，被交通员李铁拐（注：原名萧三省）安排在一家小旅馆。晚8点左右，谢育才和骆奇勋被国民党中统局江西省调统室行动队密捕。骆奇勋随后叛变，出卖了在吉安待产的王勖及林鸣凤夫妇。当谢育才听特务叫他"谢书记"时不禁大吃一惊，因为此时谢育才的化名是李志强，职业是教员。随后，特务说出了谢育才何时来江西，来江西干什么，先后住在哪里等情况，并能说出谢育才（与妻子王勖）来往信件的内容。谢育才明白，省委机关一定出了叛徒。

这个叛徒是谁呢？

这个叛徒就是江西省委的秘密交通联络员，以江边船工为掩护，秘密接送并与江西省委联络的李铁拐。

原国民党中统局长徐恩曾在他写的《我和共产党战斗的回忆》中这样描述："……柴船上间发现一个五十多岁的老头子，因其面目黝黑，走路一拐一拐，……他的绰号叫老铁拐，又称老铁。一九二五年就加入共党，打游击多年，毛泽东也知道这个人，且对他很信任。红军离开江西以后，他乞讨以操船为生，现任共产党省委的'交通'。省委的交通，一共只有三人，他是其中唯一能获得信任，可以进入洋溪山省委机关所在地的人，赣西南特委要去出席会议，非他伴同前往不可……"

那么，中统特务又是怎么发现这个秘密交通员的呢？

把这个秘密告诉中统特务的是赣西南特委组织部长李照贤！

那么，组织部部长李照贤为什么要出卖省委交通联络员李铁拐？

出卖李照贤的是宣传部部长老杨！

这老杨又是怎样叛变的呢？

原国民党中统局长徐恩曾在他写的《我和共产党战斗的回忆》中记述了破坏江西地下党组织的情况，他认为这是"经过二年多的紧张战斗，终于将共产党的理想彻底粉碎了，其经过情形，说来颇饶趣味"：

两个以姑嫂相称的年轻妇人，被以不能违背"国共合作"的协定，从事秘密活动而屈服；说出了上级"老杨"。

被说服转变立场的"老杨"当晚告诉我们，他是共产党赣西南特委的宣传部部长，又供出共产党赣西南特委组织部部长李照贤。他毫不保留地将所知的一切秘密都告诉我们，并在手电筒后端和牙粉筒内取出隐藏的秘密文件，交给我们；

……利用交通李铁拐非常溺爱孩子的心理，将其攻破！

李铁拐将在洋溪山中的江西省委书记谢育才等几个干部带下山而被中统特务秘密逮捕；

江西省委机关工作人员全部被捕，电台台长等也先后叛变，电台也落入敌人手中。

为了对南委封锁消息，特务将在吉安的所有可能与广东联系的中共人员及其家属全部拘捕；并命江西省委原电台人员，仍照过去的信号、波长、密码，对南委电台发出呼叫，企图骗取南委的信任，与他通话。原中共中央南方局机要科科长童小鹏在《"南委"遭破坏前后》中说："到1942年间，江西省委所属党组织基本瓦解，44个县委、200多个区委和绝大部分的支部都遭受国民党顽固派的摧残，2000多名党员被投入监狱，2000多名农村党员被强行'管训'。对于这么严重的一件大事，南委几乎有大半年的时间被蒙在鼓里毫不知情。"

周恩来下令：国统区地下党停止工作，等待中央决定！

心力交瘁的周恩来小肠疝气复发，6月下旬入院动手术。毛泽东从延安来电，要求周恩来静养。

国民党中统局长徐恩曾说："在江西的胜利，是我和共产党在抗战时期战斗中的唯一胜利。也是我的全部战斗记录中经过时间

童小鹏

最长，技术上最成功的胜利。"

从1941年6月谢育才到达江西省委，到他1942年4月脱险到广东大埔南委报信的一年时间里，国民党中统对中共中央南方局领导下的南方委员会持续进行破坏，破坏范围涉及江西、广东、广西三个地方的党组织，史称"南委事件"。

"南委"是根据中共中央指示建立的派出机构，代表中共中央南方局领导江西省委、粤北省委、粤南省委、湘南特委、广西工委、琼崖特委、闽西特委、闽南特委、潮梅特委、大浦县委和闽粤边委。对于南委的情况、联络方式，只有新到任的江西省委书记谢育才最清楚，只要谢育才开口，破坏南委指日可待。

于是，特务加紧了对谢育才的逼供诱降。中统大特务冯琦亲自审讯，还动用了叛徒骆奇勋现身说法劝降，得到的却是谢育才一句"决不放弃真理"的话。甚至国民党江西省政府主席熊式辉亲自劝降，却也被严词拒绝！

1942年2月，叛徒颜福华对谢育才进行劝说："我们的人通通下来了，冯委员（冯琦）对我们很好。现在我们正同南委联系，你还在这里坚持什么呢！冯委员很看重你，希望你能出来和我们共事。"谢育才看到颜福华，就知道江西省委已经被完全破坏，南委的处境也极端危险。

谢育才儿子谢小甦说："父亲生前说过，当时突然面对这样的变故，他是没有想到的。从7月15日被特务逮捕，南委和南方局也是全然不知。他当时只有一个想法，要把这里的情况尽快让党知道！他唯一的想法就是尽快脱身。"

在狱中的谢育才心急如焚。他多次试图通过各种方式带信给南委书记方方，告知自己被捕的情况，并曾秘密写报告给周恩来同志，都未能成功。他也曾经试图用小刀锯断木窗栏，跳窗而逃未果。后又想通过收买看守越狱，也未成功。在江西泰和马家洲集中营，谢育才决定再次冒险越狱。他用旧牙膏皮做成钥匙，试开脚镣，很顺利地打开了，于是再用仿制的钥匙试开囚室门，想不到给扭断在锁孔内，结果被特务发现，加戴重镣，加高了铁丝网。这次越狱的失败，让谢育才再也没有越狱的可能了。

特务又用骨肉亲情来软化谢育才。他们把他妻子在狱中生下取名为谢继强的孩子,与他分开,单独囚禁在谢育才囚室附近,不再还给他们。妻子、弱子的啼哭声,让谢育才肝肠寸断。但这一切都无法改变、动摇谢育才的革命信念。

"我哥哥真惨!我父母更悲惨!他们那个时候如果仅仅是为了孩子,可以不顾一切。但是,他们把党组织的安危看得高于一切,尤其是父亲一直是在想办法救党!"小甦的话语很激动。

"今天的人可能很难理解他们那种党性高于一切的信念!"我说,"我是党的人,这种信念在他们那一代人的心目中真是不可动摇的。"

从不断的劝降和诱骗中,谢育才掌握了地下党江西省委被破坏的情况,以及中统特务企图利用地下党省委电台继续联系地下党南方委员会,并予以彻底破坏的阴谋。谢育才试图以各种方法给地下党南方委员会报信,但均未成功。危险日益逼近,谢育才焦急万分。

当特务问谢育才"全福处"时,他判断敌人已经与南委有了电台联系。中共中央南方局曾告诉谢育才"全福处"即中共福建平和县长乐地区区委书记刘全福处,负责南委电台的安全保卫工作。对越狱已绝望的谢育才心中再起波澜,无论如何一定要把这里的真实情况报告给党组织,不论采取怎样的方法,只有一个念头:尽快越狱,回南委报警!

"所有的电台、报务人员被控制,我们党并没有发现。特务又不断地威逼父亲说出南委的地址情况,要父亲交代南委书记方等人的情况。叛徒现身说法,特务逼迫父亲转向、自首,父亲决不投降,更不可能放弃自己的政治立场。家里那么多的人被国民党杀害,他对国民党怀有深仇大恨,所以最终选择假自首,选择时机逃出去给南委报信。他的内心那真是翻江倒海样的激烈!"小甦很动情地说。

"可以想象,像你父亲这样一个对革命坚定不移的人,身陷囹圄,他绝对是有抱定守节的立场,哪怕失去性命也决不叛变。"我说。

谢育才为了救南委,豁出去了!在特务拿来的文件表格上一一签字,甚至根本就没有去仔细、认真地看签字的内容,他只想做出被迫自首让特务相信他同意"转向"。但是，就是这签字自首投降文件中的一份"死结"书，谢育才没有注意，导致他在越狱报警后被审查期间没有说到，由此构成了他命运跌宕起伏的根由！

谢育才在自首表上签了字，妻子王勋得知后，当即难过得大哭起来。她知道，这个字一签，丈夫即成了"叛徒"！当晚，谢育才偷偷带信给妻子，要她借点钱和准备衣服。王勋明白，丈夫没有放弃越狱，心中稍稍安慰，赶紧秘密找难友借了三四十元钱和两件旗袍。

1942年2月9日，谢育才、王勋一家人被押出集中营，被软禁在中统特务庄祖芳的家里。

谢育才、王勋见面，抱头痛哭。王勋责怪谢育才不该在自首书上签字，"这叛徒的罪名背上是洗不掉的！"谢育才说："我这样做确实是为了救南委，情况已这样紧急。我也别无他法，只好出此下策。江西的叛徒还不熟悉南委，一定要赶在他们之前找到南委。凭着我多年打游击的经验，只要出去，就有成功的希望。你是党的干部，我一定要带你回去交给党。"王勋这才明白了丈夫的用意，当即表示支持他的行动，与他同生共死。

在中统分子庄祖芳寓所院内，谢育才一家由叛徒和特务轮流看守。谢育才和王勋积极做着越狱前的准备。

一天，特务问谢育才："我们已和南委接通电讯了，南委要你回'全福处'。'全福处'是什么意思？人名还是地名，这你应该知道吧？"谢育才顿时吓出一身冷汗。看样子，敌人真的利用电台与南委接上电讯了，难道南委已经暴露？谢育才更加焦急。此时，既不能说出真实情况，又不能让敌人怀疑，急中生智，谢育才说道："我想起来了，'全福处'是地名，在福建龙岩，我在那里住过的。"这个地方与刘全福所在的闽南平和县相距几百里。谢育才心中也一喜，他想到找到刘全福就可以找到南委了。

《南方局党史资料·党的建设》中关于"中共南方工作委员会概况"这样写道："1942年2月（春节）后，南委电台接到重庆电台指示：'江西台找你们，请与联系'。差不多在同一个时期内，南委电台正在与其他电台通电时，江西电台突然用同样的波长插了进来，诡称由于机器损坏中断联系，现已修好，要求恢复联系。起初，南委负责同志认为江西电台中断联系半年多。对此应有所警惕，于是决定，一、考察一下是否是江西台，要它说明中断原因；二、要江西省委将中断后的情况作详细报告；三、南委暂不向江西省委作任何指示和通知。此后，江西的叛徒即以江西省委名义，通过电台陆续发来一些'报告'。南委曾询问谢育才本人情况，江西台则诡称'谢育才在日寇轰炸泰和时受伤住院'和'情况不明'等等。南委书记方方曾将此情况提交涂振农、郭潜等研究，他们都认为没有问题。于是，方方决定派郭潜去传达指示和检查江西工作，并给谢育才发一封明文隐语的信，要谢育才5月中旬到曲江与郭潜见面。"

国民党中统特务，利用地下党江西的电台取得了南委的信任，并且得到南委要谢育才去曲江见郭潜的情报。被软禁的谢育才感觉到情况已经十万火急！

1942年4月29日深夜，住在后面平房里的看守，因有事外出，一直没有回来，而前面房子里的两个特务，又到邻居处聊天，迟迟未归，真是千载难逢的好时机，只能拼死一搏了！

看着已经熟睡的孩子，谢育才对妻子王勖说："孩子我们不能带走，就让他在这吧！"

妻子王勖不解地反问："为什么？他还是个婴儿啊！"

谢育才一脸痛苦地看着孩子对妻子说："我知道他还是一个婴儿，是我们在艰难条件下出生的苦命孩子。如果我们带着孩子走，万一孩子啼哭，则前功尽弃啊！所以为了能够尽快跑出给南委报警，只能让他在这里听天由命啦！"

妻子王勖强忍着眼泪说："那不如这样，你跑去送信，我和孩子留在这里，我来对付他们……"

"我也想过这样，但是我跑了，你和孩子会怎么样？与其你和孩子遭罪、被杀，还不如我们两个生死在一起，你也是我这样做的唯一证人，孩子就听天由命吧！只要我们两个在一起，孩子今后还是会再有的……"谢育才咬着牙关凄苦地说道。

王勖抱着孩子，最后一次喂他奶，泪水滴在孩子的脸庞上，脑子里面一片空白……

谢育才看着妻子给孩子喂奶，看着她泪流满面，看着那苦命的孩子，提笔写下自己的悲伤心情："卑躬屈节非顺意，擒住雄心静待时。鸟已高扬人何慕，欲学叔齐与伯夷。"在另一张纸上他给特务庄祖芳的母亲写下这样的话语："庄老太太，孩子是没有罪的，请不要因政治信仰不同而杀害他。"

"我哥哥就这样不到一岁就被抛弃了！他后来知道自己的这段身世，从没有说过一句话！他一出生就在监狱受折磨……"小甦说。

最终，谢育才夫妇历尽千难万险，行程一千多里，于1942年5月22日到达福建平和县长乐乡找到党组织，报告了敌特正图破坏南委的阴谋。南委书记方方随即布置撤退转移工作。

谢育才成功向党组织报警后，也如实说明了他为营救党组织而"投降变节"的经过，并自觉接受党组织的严格审查。当时虽然无法核实谢育才的情况，但因为他以前工作过的地方，无论是党员还是组织均没有出现任何问题，党组织重新安排了谢育才的工作。1944年，谢育才在韩江纵队做军事顾问、参谋长，1947年在中共华东局党校学习并且接受审查，1948年又在中原局工作并被复查。此间，谢育才的入党时间被暂定为1945年。其后，他曾担任河南军区许昌军分区司令员，后又兼郑（州）洛（阳）警备区司令员。1949年，谢育才随军南下，担任广东省支前司令部参谋长。之后，他又担任广东汕头市市长、市委委员。

在这期间不断地被审查，谢育才均坦然接受。他认为："不论我是什么职务、级别，只要能够为党工作，为老百姓做事，为国家效力，我都感到愉快！因为我的家人被国民党杀了不少，我坚信共产党是为人民大众的，所以把人民、国家和党的利益置于个人荣辱之上，为党为民，不是口号，是自己的作为。"

"让父亲纠结一生的就是他的党籍问题。被审查没有问题，自首签字却是真实的问题。不顾个人一切要让组织知道实情是真实的情况，留下一个自首也是真实的问题。所以，他的党籍1945年前的全部不算了，从1945年按照

谢继强

重新入党计算,父亲就一直认为是个问题!"小甦说。

谢育才夫妇在越狱时丢下的孩子谢继强,被特务头子庄祖芳收养。解放前夕,庄祖芳一家带着孩子逃到香港地区。在香港地区,他不断地被台湾地区特务威胁要求对大陆从事破坏活动。当他联络上国家有关机构后,便投奔回到内地,并且归还了他收养的谢育才夫妇的孩子谢继强。

但是,从庄祖芳投诚回内地后的回忆材料中,发现了一个谢育才从来没有说明过的向国民党签订"死结"书的问题。由此,谢育才被认定"有意长期隐瞒严重的历史关节问题","对党离心离德是叛党与破坏党的行为"等等。谢育才再次被"开除党籍"。

所谓"死结"即"个人政治上无保留","密结"即"离营后要保守集中营的秘密",这是任何人离开集中营的必需手续。无论谢育才如何解释,均无济于事,他再次失去了政治生命。

他沉入无边的苦海,心情十分沉重。他扪心自问,自己确实不是有意隐瞒,不是"叛党"与"破坏党"而是为了"救党"。

谢小甦说:"哥哥谢继强回到父母身边后,在广州上学,后来在中科院化学研究所做核物理研究工作。由于他亲自到现场采集所有的数据,身体多次受到核污染的侵害,不幸于1976年在广东人民医院医治无效去世。这对父母打击很大!尤其是'文革'中父亲又为哥哥回内地的事情再次受到严重的冲击!所以,父母把对哥哥的愧疚都加倍地还在对我的关照中。我记得哥哥去世的时候,父亲哭得很厉害,很伤心!后来,他不停地抽烟,还叫我去买过。但是,他走出阴影后,还是把烟戒了。"

"你父亲是一个很坚强豁达的人,革命两个字使他生命中的顽强超过一般人,对党忠诚是他一生难以撼动的座右铭。"

"是的。父母一心都用在工作上,和我们子女相处的时间不多。从部队转到地方当汕头市长，那时他是行政 11 级，工资有 280 多元，母亲是行政 13 级，工资也是 180 多元。我姐姐谢莹，妹妹谢小媛，弟弟小乔、小虹，应该说是生活在一个比较好的家庭。父母对我们的要求就是好好读书，几乎都是在住读。"

"你们作为子女对父母亲的印象最多的是什么呢？"我问。

"我们子女都认为他们从年轻时就跟着共产党闹革命，用血气方刚形容他们一点不假。懂事以后，经历的事情太多，看着他们不断地被降级，父亲从汕头到华南垦殖局，一面工作，一面继续申诉。1957 年，党组织认为他表现好，又重新入党，并被派往海南农垦局任局长兼党组书记，最后在广东省海南行政公署任副主任。但只要有运动，那个自首问题与开除党籍结伴而出，我们就觉得他们太难啦。他们的路走得为什么那样艰难？"

小甦还对我说："我父亲一直觉得他当年假自首去救南委，这是他应该做的，没有什么后悔的。但是，他后来，也就是因为这件事，反反复复地被处理。他对我说：这件事我已经很累了，我不想说了，让后人去评价去吧。"

"从军人到市长，又去开发橡胶搞农场，这个职业的跨度是很大的！"我有所不解地问小甦。

"父亲他还真是干一行、爱一行。虽然心中那个结使他经常痛苦，但是做工作，像地下党那样，只要党组织的任务，他就会认真去做。妈妈那时也调到粤西热带植物研究院，那时做了许多引进热带植物的实验。我们还吃过她带回的水果。"

我问小甦："你父亲在农垦战线工作，你有什么记忆吗？"

"他被开除党籍后，被调到华南垦殖局工作。虽然没了政治生命，他对工作却依旧认真负责，尽力而为。1951 年，为打破当时西方国家对我国天然橡胶的垄断和封锁，国家成立了农垦局，要种出我们自己的橡胶。父亲带着当时华南分局书记、广东省委第一书记陶铸'一定要建立我们自己的天然橡胶基地'的重任，率领百余名专家，几个月踏遍粤桂边及海南的深山密林，进行热带资源有关气象、土壤、种源等的调查，克服重重困难。半年时间，初步查清热带资源，确定首先开发雷州半岛和海南平原地区，并编著成册。为大力发展橡胶及热带作物事业提供依据，在农垦战线上，为我们国家的橡胶事业的发展做出了他的努力……"

被开除党籍的谢育才，没有消沉，心中那颗对党忠诚的敬畏之心，让他仍然保持共产党员服从组织调动、认真努力为党工作的态度。他是一个身高1.83米的高个子，是一个对自己信念非常坚定不移的人，更是一个把党员称号看得至高无上的革命人。工作中他保持共产党员以身作则、脚踏实地、吃苦耐劳的作风，闲暇之时写申述材料，必须要回属于生命中那最重要的荣誉。

至于被降级、被撤职、被调离等，他均无异言。唯独党籍问题，他不停地写申述，不断地讲明救南委的动机。他始终坚持任劳任怨地工作，只求党组织能够理解他。他只希望有党籍，坚持自己没有叛党……

一个把一生都交给党的人，不能没有政治生命。谢育才要求参加党的组织生活。他的生命早已与党的事业紧紧地联系在一起。最终，广东省委于1957年同意谢育才重新入党。但他对自己失去的党龄痛苦不已！他又被调任海南农垦局局长兼党组书记，后兼任海南行署副主任。此后，他日夜奔忙于全岛各农场，组织生产，使橡胶种植面积达100多万亩，是种植面积最多的地方，并大量发展其他热带经济作物，为打破帝国主义经济封锁，建立我国的橡胶工业做出积极的贡献。1960年2月，周恩来总理视察海南时，非常高兴，表扬广东省和海南地区领导重视发展橡胶的战略眼光，对农垦局的领导和职工，当面热情鼓励。

十年浩劫期间，谢育才再次被开除党籍，并被定为"叛徒"。

1977年3月25日，谢育才含冤而逝。

谢育才临终时，再次用生命发出呐喊：恢复我中国共产党党籍，恢复我从1926年入党的党龄！

庄祖芳在他写的材料中说："谢育才和他的爱人在狱中始终沉着镇定，有勇有谋，弃子潜逃。没有达到'我们的'企图"。

对于谢育才来讲，高官厚禄、名利地位、个人荣辱，这一切都不在他的眼里。他要的是尊重他的信仰，尊重他的历史。他最在乎的是他"中国共产党党员"的称号！因为这是他的骄傲！他把它看得比生命更重要！

谢育才也没有动摇自己的信念，始终相信党组织会有正确的结论。

1979年，中共广东省委组织部为他撤销了"叛徒"认定和开除党籍的处分；1988年，中纪委撤销了华南分局纪委1951年对他做出的开除党籍的决定；1999年1月8日，中共广东省纪委发出第一号文件，内容是："王勋同志：接中共中央纪律检查委员会通知，经中央纪委常委复议并报中共中央同意，决定恢复谢育才同志1926年至1945年一段的党籍党龄。特此通知"。

红岩历史上地下党工作者，在烽火硝烟中淬炼出的革命意志，在艰难困苦中形成的人生价值，铸就成如磐石般的理想信念。他们面对风霜雨雪不改其色，面对雷霆冰雹毫不退缩，冲入刀枪剑炮毫不丧胆，直面酷刑拷打难以屈服，面临利诱温床决不转向，即使生离死别也是无所畏惧，哪怕受到委屈、遭受打击。这就是初心的力量！

谢育才的妻子王勋，从湛江热科院南亚所所长兼党总支书记职位离休。在离休后的日子里，她几乎就是为了替谢育才申诉而忙碌着，七八十岁的高龄仍四处奔走。2002年，也即谢育才的历史问题得到彻底解决的三年后，王勋辞世，享年88岁。她完成了谢育才的遗愿，可以告慰在天国的丈夫之灵。

历史证明了谢育才对党的忠贞和赤诚！正如童小鹏对他的评价："历尽坎坷，忠贞不移。英才虽逝，功勋永存。"

不被理解，不被信任，甚至被冤枉，是最为痛苦的事情。但当决定要做一件无论如何都必须去做的事情时，他能想那么多吗？

白色恐怖下的地下党组织的艰难，今天的人很难想象。当谢育才决心"救党"而签字"投降自首"时，根本不会去想这个会对他本人产生怎样的后果。他只是想要党组织知道这里被破坏的状况以及面临的危险情况。为了脱险送信出去，他采取了常人很难做到甚至也不愿意做的办法——自毁名节，解除党组织的危险。事后，谢育才以他对党的赤胆忠心如实地说明了情况。在当时白色恐怖的情况下，对他进行审查非常有必要，事后没有出现不良状况也证明了他的忠诚。三次被开除党籍又三次恢复党籍，其经历难以置信。可谢育才却从来没有动摇过他的信念！

"我一直在工作，一直是努力认真地做事。"这是谢育才最感到无愧于心的自信。

　　他的绝对自信源于他的绝对忠诚。他的忠贞又是他坚不可摧的信仰。这就是一个党员书写的党性。相信党、相信组织，被有些人判断为"愚忠"，但对一个有组织观念的人来说，这恰恰就是一种政治品格的体现。这就是对党忠诚，不计名利，不负人民！

★阅读思考：

1. 从谢育才的案例中分析怎样做到立党为公？
2. 从谢育才三次被审查忠贞不移的故事，谈谈如何做到党性的坚强。

江竹筠：
不惜一切，执行任务最坚决

提起江姐，几乎所有人都熟知。一部小说《红岩》使她成为革命烈士的典型，一曲《红梅赞》使她的名字家喻户晓。

执行任务，敢于担当，为掩护市委机关和领导的安全她牺牲了个人的名节。

坚守岗位，义无反顾，为了革命工作她克制亲情，战斗在武装起义的前线。

身陷囹圄，对党忠诚，为了党吸取地下组织斗争的经验和教训组织狱中讨论。

她把自己的一生献给党所领导的壮丽事业，为新中国的建立和重庆的解放，献出了年轻的生命。

江竹筠出生在四川自贡一个农村家庭，8岁时随母亲逃荒到重庆，找到在码头打工的父亲。由于生活举步维艰，母亲便带她到织袜厂当了童工。后在亲戚帮助下，她进了教会学校读书，以优异的成绩考入南岸中学和中国公学附中。"万般皆下品，唯有读书高。"江竹筠立下重誓，要用知识改变自己的命运！

在学校，江竹筠发奋努力，比一般同学刻苦用功十倍之上。于是当时的班主任

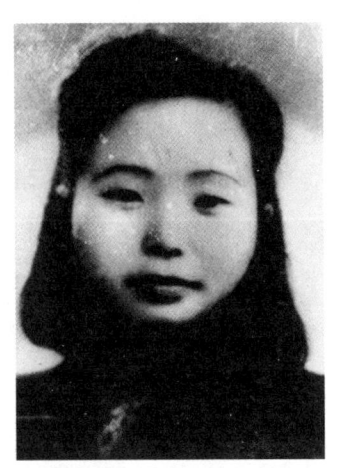

江竹筠烈士

学生时代的江竹筠

老师、地下党员丁尧夫,启发她认识社会问题:一个人可以通过发奋努力学习,用知识改变自己的命运,但是天下这么多的穷孩子、乞丐又怎样去改变命运?如果不改变社会制度、不推翻打倒剥削阶级,贫穷永远都无法改变。

在老师的影响下,江竹筠开始认识革命二字的含义。她参加党组织的学习讨论活动,慢慢地思想发生变化。

一天,丁老师正在上课的时候,几个国民党宪兵冲进教室,当场把丁老师逮捕抓走。江竹筠等同学拍案而起质问:"为什么抓我们老师?"

"他是共产党。"

"共产党"这个名词第一次进入到江竹筠的脑海。

丁老师是共产党,共产党就是丁老师?

她觉得自己应该做一个像丁老师一样的人,有文化、有志气、有追求。因此,她在学校里秘密打听,哪有共产党,谁是共产党。她要加入共产党做一个像丁老师那样的人。

她的入党介绍人戴克宇回忆:"当她和我在一起读书时,给我的深刻印象是沉静好学、没有当时女孩子的那种娇气和虚荣心。她苦心钻研功课,但不读死书。她既关心政治,也认真读书,而且能批判地接受老师所教的功课。有的教师在讲课时散布了反动的思想观点,她当时就记下,一下课我们就议论起来。记得有个教公民的教员有时讲课内容反动而庸俗,竹筠同志听课时很生气,在课上就提出疑问。……她中等身材、面庞圆润、衣着朴实、举止稳重、对人诚挚、平易近人。我告诉她,入党后是会遇到各种艰难困苦,也可能牺牲的啊!你是否再三考虑过这些问题?她断然回答说:'要革命还怕什么？革命本身就不是安乐与享受，我既然决定入党，就是把自己的一切贡献给革命事业，甚至宝贵的生命。'记得是1939年夏天，在一个晴和的星期日，我们和党支部书记一道，走到一个小溪旁的竹林里，她举起手，面部呈现出十分庄严肃穆的神情和坚定的目光向党旗宣誓……"

江竹筠读书时与同学合影

1939年，20岁的她加入了中国共产党。

按照中共中央南方局要求党员"勤学习、勤工作、勤交友"，做到"社会化、职业化、合法化"的要求，江竹筠报考了中华职业学校会计专科，同时负责学校地下党的学生活动。她在中华职业学校组织学生阅读《新华日报》，讨论交流时事政治。她组织同学到巴蜀小学广场听周恩来关于抗战局势的演讲。

江竹筠的一位同学在其回忆录中记录了这样一件事情：在国民党第二次"反共"高潮过程中，江竹筠曾向党组织申请去延安。为此，她还写了一首诗表明自己的决心：

到解放区去

我要到敌后，
到解放区。
我厌恶，住在腐烂了的城市，
跟着烂下去。
我恨不得，早点离开。

那政客们所玩弄，

就是特务的盯梢，

狞笑和狂吠的这些学校。

烈火，在地面燃烧；

烈火，在我心里燃烧呵！

我已经，决定了，

我就要到敌后，

到解放区……

江竹筠的诗，也让我们了解到国统区的现实情况：前方吃紧、后方紧吃，官僚、贪污现象严重，整个城市在灯红酒绿中"烂下去"。特务横行，压制民主，监视学校学生。青年们在呐喊，在抗争！

党组织没有批准这个要求，一是因为江竹筠非常严格地执行地下党纪律，在多个工作岗位都能很好地掩护自己，从没暴露；二是党组织非常需要像江竹筠这种从小在重庆长大，熟悉城市工作，经过考验，对党忠诚的同志。

毕业后，党组织还把她送到重庆妇女慰劳总会担任过文字秘书和会计工作。后来，党组织派遣江竹筠担任新市区区委委员，单线联系沙坪坝一些高等学校的党员和区内的女党员；到綦江铁矿和重庆郊区赖家桥国民党机关合作社任会计。1943年后，又到成都国民党政治部第三厅所属合作社工作，当被强迫要求集体加入国民党的时候，她按照组织要求离开了合作社。

5月，江竹筠突然接到一个令她非常难堪的任务：回重庆以"假妻子"的身份掩护地下党领导人。

假扮夫妻、掩护组织，这在地下党期间也不是没有的事情。但对年仅23岁，从没谈过恋爱，完全没有与男人独处经历的江竹筠来说，实在是找不出任何经验去支持"假扮夫妻掩护组织"这个任务。她甚至完全不知道该怎样去做这个内外有别的"两面人"！

一向坚决服从党组织派遣的江竹筠，对这次任务完全没有心理准备，所以她拒绝了。

党组织进一步向江竹筠说明了实际情况：为了落实中共中央南方局"建立坚强的西南党组织"的决定，党组织决定将地下党云阳县书记彭庆邦调到重庆担任地下党市委委员，充实党组织的领导工作。为了安全起见，为他改名为彭咏梧，切断与家乡的联系，并花重金给他安排了一个国民党中央信托局房管处高级职员的公开合法身份。但是，他的妻子在云阳农村，没有地下党活动的经历，也不熟悉重庆的情况，显然不适合调到重庆来进行掩护。但江竹筠具备这样的条件。

彭咏梧和江竹筠组建的"家庭"是中共重庆市委的秘密机关。江竹筠的主要任务是为彭咏梧做通信联络工作。

当邻居称呼自己"彭太太"时，差点忘记自己已为"人妻"的江竹筠立即警觉起来。为了让自己真正进入"妻子"的角色，江竹筠决然地把"丈夫"彭咏梧介绍给自己所有的亲朋好友。为了让这个"家"绝对安全"合法"，江竹筠总是不时把亲朋好友约到"家"中一起聚会。

在这个"家"里，江竹筠关起门来就能自由地阅读党的文件，不懂的地方可以随时得到彭咏梧的指点。她不断向她的"假丈夫""真领导"虚心求教，彭咏梧也不厌其烦地向她说明解释。他们相互交流心得体会，一起讨论加强地下党组织建设的方法，憧憬共产主义未来的美好……

随着时间的推移，除了在工作上志同道合，他们在情感上也慢慢地情投意合：江竹筠发现自己不但崇敬老彭，而且有了那么一丝爱意在里面；老彭也非常欣赏江竹筠，不但工作仔细，而且保密性很强，许多组织机密情况她都牢牢记在心中，不留只言片语。这种在工作中建立起来的情感是非常真挚的。

1944年春，在一次外出工作中，江竹筠发现自己被特务盯梢。党组织为了安全起见，立即决定转移江竹筠到成都。江竹筠被转移到成都后，没有就业机会，组织上来信同意她投考大学。她苦战了两个月，复习和补习了高中三

彭咏梧

年的课程，考上了四川大学农学院植物病虫害系。

被认为是天生一对的"家庭"突然没有了主妇，邻居街坊开始有所议论；单位同事许久没有见到"嫂子"，流言也多了起来。作为地下党领导人，彭咏梧在日常生活中应当尽量避免成为焦点人物，必须改变因"妻子"消失引起的关注，才有利于隐蔽开展工作，保证党组织的安全。眼下的解决之道，一是要调江竹筠回到彭咏梧身边，恢复夫妻形象；二是必须让两人真正结为夫妻，才能不露破绽，堵住旁人口舌和猜疑。

党组织立即决定：江竹筠办理休学返回重庆，批准他们结为夫妻。

国统区的白色恐怖异常残酷和悲惨。因此，地下党组织的这一决定也是一种必然。那是为了绝对的安全。

1944年夏，江竹筠与彭咏梧从假扮夫妻转为假戏真做。这一切都是根据地下党工作的需要，在组织利益高于一切的地下党时期，党员服从组织是决不含糊的。

对于彭咏梧，江竹筠的确有深深的情感。这种情感里面虽然有一些爱恋的成分，但是江竹筠严格把这种情感控制在同志之间。她牢记自己是一个"两面人"，对外夫妻、对内上下级已成为她的一种本能。此时，她要从一个"假妻子"变成一个"真妻子"，这个转变的确是一大步的跨越。在农村，彭咏梧还有一位前妻——么姐谭政伦和孩子彭炳忠。所以，这个家庭从建立那天起，愧疚就一直笼罩着他们。

抗战胜利后，江竹筠又回到四川大学继续读书，并于1946年4月在华西医科大学产下一个男孩。

1946年7月中旬，根据组织决定，江竹筠办理休学证明，带儿子彭云回到重庆，继续协助彭咏梧在市委机关工作，并且具体负责宣传和学运工作。她的同学陈家俊，重庆解放后在新华社工作时撰文回忆江竹筠：当时江姐非常镇静，她叫我们仍然留在重庆，但是给我们每个人改姓名，换职业，重新分配了工作。当时有的同志很急躁，认为应该马上回到原来的学校去，组织群众与国民党直接斗争，否则就对不起被捕的战友。江姐就亲切地说：共产党人是需要有前赴后继的革命精神的，但是也要讲斗争的策略；在地下党组

江竹筠与彭咏梧全家照

织已经暴露的情况下,要求回到原单位去并非勇敢,而是一种冒险的行为,可能给党带来更大的损失。有的同志又担心,既然敌人正在搜捕共产党员,我们不离开重庆是否很危险?江姐又耐心地说明,党的工作要求我们继续留在重庆;敌人虽然到处搜捕,但重庆是有一百多万人口的大城市,只要我们改姓名,换职业,敌人想抓我们就好比海底捞针。结果,把大家都说服了。

1947年,为配合三大战役的推进,川东临委执行上级"发动武装游击骚扰、牵制国民党兵力出川"的指示,决定在下川东组织发动农民武装起义。临委考虑到彭咏梧来自下川东地区,决定派他到农村组织武装力量,江竹筠作为上下川东联络员一起去下川东。

要去搞武装斗争,孩子怎么办?孩子可不能带去搞武装起义的工作。就在他们孩子的照顾问题没有解决的时候,老彭的家人突然出现在他们面前:彭咏梧前妻的弟弟,地下党领导的"中国职业青年合作社"骨干成员。在《大公报》做实习记者的谭竹安一直在不断地寻找姐夫彭咏梧。

这是怎么一回事?

为了保证组织的安全,彭咏梧在重庆工作后,原来的名字彭庆邦就没有再使用。组织不但给他改换名字,而且还切断他原来的一切联系。

当彭咏梧按照组织的要求，去国泰电影院联络一批随他去下川东搞武装起义干部的时候，刚刚走到电影院门口，突然听见背后一个熟悉的声音叫他姐夫！他回头一看，正是自己的妻弟谭竹安。

谭竹安看着转身回头的他，冲上前去抱住他的脖子就说："姐夫，我终于找到你了。我要赶紧通知姐姐来重庆与你见面！"

出于当时有要事在身，他把谭竹安推到一边说："小谭，不要着急，后天我们在人民公园见面。我告诉你一切情况后，你再通知姐姐来见面。"说完扭头钻进电影院，消失在黑暗中。

谭竹安1943年从中央工业专科学校毕业，考进重庆《大公报》做资料工作。进大公报社不久，谭竹安就与报社内外的进步人士有了频繁接触，参加了党的外围组织"中国职业青年社"，而且有幸结识了著名经济学家许涤新的夫人、地下党员方卓芬。他多次托方卓芬打听彭咏梧的下落。

谭竹安立即把遇见姐夫的消息告诉了方卓芬，说："要立即写信通知姐姐来重庆见面。"

处在组织发动武装起义的关键时刻，出现这种情况，党组织感到一种危险：彭咏梧是云阳彭庆邦，信托局房管处的主管来自云阳农村……不敢想象会出现怎样的状况。组织决定：不再向他隐瞒情况。同时决定让"中国职业青年合作社"骨干成员，在《大公报》做实习记者的谭竹安去向江竹筠汇报工作。因为组织认为：她能处理好这个问题。

当江竹筠接到组织通知，要她接受谭竹安汇报工作情况的消息后，感觉到莫名其妙。自己是党内交通这条线，谭竹安是社会公运这条线，与自己既没有平行的组织关系，更没有上下级的组织关系。他给我汇报工作，我听什么？说什么？但一想到是组织的决定，就没有再多想。

她把会面、听汇报工作的地点定在自己家里。

谭竹安按照约定的时间来到江竹筠家中，一进门看见柜上摆放着一张照片，非常惊奇地走上前去，指向照片上的彭咏梧自言自语说："我怎么在这又看见姐夫了？"

江竹筠问："你说什么？"

谭竹安发现眼前这位领导就是照片上那位女同志，非常不解地问："请问领导同志，你跟这个男人是什么关系？这是我的姐夫啊！"

江竹筠一听，脸一下红了起来……

谭竹安仍然非常不解地追问："请问领导，你跟我姐夫怎么有这种照片？"

江竹筠立即意识到这次听汇报是怎么回事以及上级的真实意图了。她淡定地说："来，坐下来，慢慢说这是怎么回事！"

谭竹安把自己到重庆读书，受姐姐之托寻找姐夫彭庆邦，在报社工作登寻人启事无果的情况，以及昨天在电影院突然碰见自己姐夫，并约好明天在人民公园见面等经过全部讲出后，面带怒气地问道，"请问领导同志，你们这中间的孩子又是怎么一回事儿？"

面对谭竹安的质问，江竹筠整理了一下自己的情绪，然后非常淡定地告诉他："他是你的姐夫彭庆邦，现在是我的丈夫叫彭咏梧。那是我们的孩子叫彭云。"

江竹筠把自己和老彭从假扮夫妻掩护组织到假戏真做为了绝对保证组织和老彭的安全，毫无保留、坦白地说了出来。

面对江竹筠这位领导如此的襟怀坦荡，谭竹安实在不知该怎么再向她发问，只是心里边儿隐隐地为自己在农村苦苦地等待、苦苦地期待的姐姐而感到阵阵的心痛……

江竹筠对谭竹安说："小谭，你看这样来解决这个问题行吗？这次我随老彭一块去执行任务，沿途我一定会慢慢清理自己的思想感情。一旦任务结束以后，我会向他明确提出，关系到此结束。我一定让他回到你姐姐身边。但是，你现在能不能帮我一个忙，立即写信告诉你姐姐来重庆帮我照顾一下孩子。孩子彭云也是彭家的骨肉，等我完成任务接着孩子，你们一家人就团聚……"

后来，江竹筠则随老彭去了下川东组织武装起义，谭政伦带着自己的孩子彭炳忠来到重庆。

看着丈夫与江竹筠的孩子，谭政伦不敢相信等来的竟然是这样的结果。但她决定在重庆帮忙带彭云，等着彭咏梧和江竹筠回来，三人面对面把事情讲清楚。

然而，她等来的却是一个噩耗：彭咏梧在武装起义中不幸被国民党打死！并且国民党把他的头砍下来挂在奉节竹园镇城楼上示众！悲痛欲绝的谭政伦从地下党同志那里又得到消息：党组织要调江竹筠回重庆工作，以便照顾孩子，但江竹筠却表示，"老彭在什么地方倒下，我就在什么地方坚守岗位，没有人比我了解这里的情况"。

谭政伦百思不得其解，这是什么女人啊，要去革命，连自己的亲生儿子都可以不顾？这革命含义究竟是什么？

她开始慢慢地解读江竹筠。

江竹筠在万县坚守岗位期间，给谭家写过好几封信。

在第一封信中，她这样表明了自己的生死观：

家里死过很多人，包括我亲爱的母亲，可都没有今天这样叫人窒息得透不过气来。我记得不知是谁说过，"活人可以在活人的心里死去，死人可以在活人的心中活着"，你觉得是吗？所以他是活着的，而且永远地活在我的心里。

关于自己的孩子，她这样写道：

现在我非常担心云儿，他将是我唯一的孩子，而且以后也不会再有。我想念他，但我不能把他带在身边。我不能照顾他，甚至连我自己都不能照顾。你最近去看过他吧？他还好吧？我希望他健康。要祈祷有灵的话，我真想为他的健康祈祷了。我不希望他要吃好穿好，养成一个娇少年。我只希望你们能照顾他的病痛，最好是不要有病痛，若有就得尽一切力量给他治疗。重庆医疗是方便的，这就是我不带他到乡下的原因……

江竹筠为什么"而且以后也不会再有"孩子？我们来看一份1946年4月她在华西医科大学生产的病历记录：

入院日期是 1946 年 4 月 18 日，出院日期是 5 月 10 日。

诊断：骨盆狭窄手术。

手术：传统剖腹产手术及输卵管结扎。

任务观念极强的她，为了避免影响工作，为了今后不再出现这种情况，做出了令我们难以想象的抉择！这就是江竹筠的革命意志。这就是她为革命敢于献出一切的做法。

对老彭的妻子，她写道：

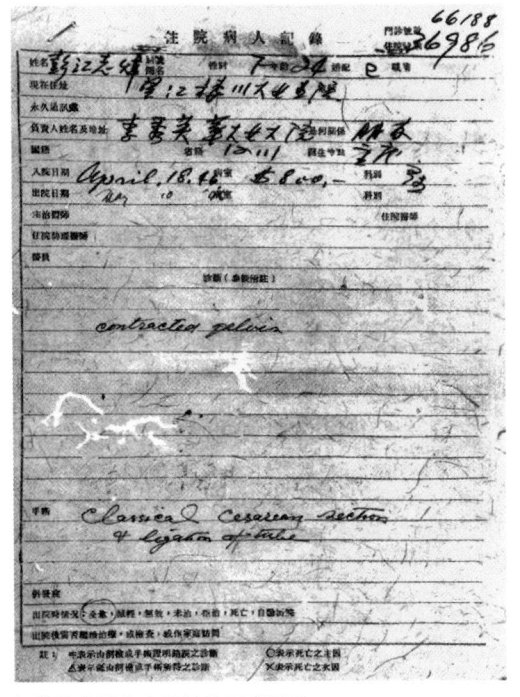

江竹筠住院生产及结扎手术记录

幺姐也成了我不能忘记的人物。可我能给她什么帮助呢？我想去看她，而且很想在春假里去，但除了感情上大家得到一些安慰外，又有多大的好处啊？而且，我的身子多病，恐怕在路上出毛病，所以去不去都叫我很难决定。我知道她会像爱亲生孩子一样地爱云儿，就像我对炳忠一样。基于人类的真诚的爱是不能否认的，我尤其相信……

在万县，江竹筠在写给谭竹安的最后一封信中提出要求：

竹安，你做家庭教师，该不会教我的云儿吧。我绝不容许在他这么小的年纪在智慧上给他以启发。注意，智慧，别启发他，让他自己长进，启发早了是不好的。

以后我想按月给你们一点钱，稍微津贴一下，只是我的被子等行李又没有了，还得以我的薪津来制，真是糟糕。好在天气热了，需要不急，等到秋天，几月积制一床我想总归制得起了吧。

又过了一段时间，谭政伦在重庆得到一个难以置信的消息：江竹筠在万县因叛徒出卖被捕，被关押在重庆的渣滓洞看守所。

在狱中，江竹筠备受酷刑摧残，坚不吐实。数次夹手指的刑罚致使她昏厥，但她却咬紧牙关，一言不发。史料记载："坚贞不屈，严守党的机密，被狱中难友称赞为'中华儿女革命的典型'，并亲切地称之为'江姐'。为鼓舞狱中战友斗志，提出'坚持锻炼身体、迎接解放'的口号，组织难友学习、讨论。"

难友曾紫霞的回忆文章《战斗在女牢》中写道：当江竹筠被提出女牢去审讯时，渣滓洞十八间牢房的人没有片刻心安：有人把头伸出牢房风门口的洞在探望；有人在不断地设法打听情况；有人在向刚入狱的难友介绍江竹筠怎么不同于一般；有人在估计这次审讯会延长到什么时间；女牢的难友则在打听受了什么刑，准备着怎么让她回牢后舒服一点，使她伤痛减轻一点。江竹筠被带回女牢时，几个人把她抬到床上，有人抱着她喂糖水，有人用盐水清洗她的伤口……她没有在受刑时落泪，却在难友的怀里哭了，伤心地哭了，还骂了声"特务龟儿子真狠！"

在狱中，面对酷刑、审讯，江竹筠坚定地对难友表示："就是死，我也不能说出地下党。"

徐远举在《血手染红岩》中写道："我对中共党员的严刑审讯有三套恶毒的手段：1.重刑，2.讹诈，3.诱降。叛徒主要是经受不住考验，在临危时丧失革命意志，否则特务们将一筹莫展，瞎碰一气。"

所以，江竹筠在狱中能够说出："毒刑、拷打，是太小的考验！"

渣滓洞男牢房何雪松代表难友写给江竹筠的慰问诗："你是丹娘的化身，你是苏菲亚的精灵，不，你就是你，你是中华儿女革命的典型。"

江竹筠在狱中的情况一点一点地从狱中传出来，谭政伦的心情非常沉重。她抱着江竹筠的孩子彭云去相馆照了一张照片，托党组织带给江竹筠。对狱中的江竹筠来说，这张照片是极大的安慰。

江竹筠烈士的遗书

在狱中，江竹筠建议大家加强学习，锻炼身体，迎接重庆解放。而她知道，自己很难有机会去向谭政伦说明她和老彭之间的事情了。曾紫霞出狱时，带出了江竹筠的最后一封信，她对自己的儿子做了这样的交代：

竹安弟：

……假如不幸的话，云儿就送给你们了，盼教以踏着父母的足迹，以建设新中国为志,为共产主义事业奋斗到底!孩子决不要娇养,粗茶淡饭足矣!幺姐是否仍在重庆?若在,云儿可以不必送托儿所,可节省一笔费用,你以为如何?就这样吧,愿我们早日见面。握别。愿你们都健康!

1949年11月14日,江竹筠被害于歌乐山电台岚垭,时年30岁。

重庆解放后,谭政伦带着两个孩子急赴歌乐山,"生不见人,死要见尸"。当在电台岚垭刑场看见江竹筠遗骸时,谭政伦极度悲伤,只说了一句话:"我一定把你儿子抚养成人。"

重庆解放后,谭政伦被安排到市委办公厅机关工作后,给组织写了一份报告,要求调到托儿所去工作。在托儿所,谁也没有想到她把自己的亲生儿子送进了孤儿院寄养,而专心抚养江竹筠留下的孩子彭云,以致彭咏梧和谭政伦的儿子彭炳忠几乎无人知晓。2010年彭炳忠去世,四川大学党委在遗体告别仪式上有这样一句话:四川大学党委副书记彭炳忠是著名烈士彭咏梧的儿子。到这个时候,与他共事多年的人才知道他的真实身份。这就是谭政伦。

谭政伦和彭云及彭炳忠

彭云,后来成为一个计算机领域的专家。他说:"母亲江竹筠在我不到1岁就离开了我,实在是找不到一点感觉和印象。但是养母谭妈妈对我是恩重如山。她不但是一个了不起的女性,更是一个让我终生敬仰的伟

谭政伦和彭云

大的母亲。"

　　江竹筠烈士不惜一切，执行任务最坚决。她敢于放弃个人名节，掩护市委机关和领导。面对感情上的问题，她襟怀坦荡，终获理解。她的一生体现了伟大的建党精神：敢于担当！

★阅读思考：

江竹筠作为一个女人牺牲自己的名节去做假妻子，作为一个妻子她全身心地奉献给革命；作为一个母亲她放弃自己的儿子而义无反顾地去坚守岗位。我们今天应该怎样去吸收她的精神力量和思想价值？

张露萍：严守秘密，
不惜放弃自己的生命

一个人在政治上做出选择后，一定要对党组织保持敬畏之心和绝对的忠诚，这是执行党的任务的根本前提。

在红岩隐蔽战线工作的情报人员有三个特点：其一，一旦接受任务后，没有组织、同志对你实施监督和管理，完全靠自己的党性和良心；其二，执行任务、面对各种复杂困难的情况，只能靠自己的智慧、勇气和胆量孤军奋战；其三，一旦遇到危险要有牺牲个人的决心。

张露萍烈士

对党忠诚——我是党的人，这是情报战线秘密工作人员非常明确的人生价值指向。

张露萍烈士，原名余家英，化名黎琳。

她在成都读高中期间参加了抗日救亡的学生运动。1937年抗战全面爆发后，"要抗战去前线，投八路到延安"，张露萍相约几个同学脱离家庭、离开学校就奔赴延安。在西安的集贤庄，张露萍受到中共领导人林伯渠的重视，被送到陕北公学读书，后又到抗日军政大学接受培养、训练，并加入中国共产党。

中共中央组织部档案中有一份张露萍在延安抗大时曾写过的自传材料：

我痛恨那罪恶的家庭，带给我们只有痛苦和损害，因此在一月前就和家里根本脱离关系！事实告诉我们：时代的青年大多应是革命潮流中的青年，只有和时代先驱共同进退，只有革命才是伟大的，也只有革命才是我们的出路，为了它我们应该牺牲一切奋斗到底——理想世界的出现！从到抗大后，由于和李清在一起玩，他的"行动"，一切都引起我注意到共产党员的好、党的伟大，加上他常常灌输我党的教育的结果，开始要求入组织的心非常迫切，希望能直接受到党的教育。

到达延安后，张露萍先在陕北公学读完高中，后又在抗大接受培训。

李清是延安马列主义学院的教员，受党组织安排，去帮助培养发展张露萍入党。在接触交往的过程中，李清觉得张露萍思想活跃，性格开朗，积极要求进步；张露萍也觉得李清理论水平高，为人正直，对人关心，而且长得也帅气。随着时间的推移，两人不仅志同道合，而且情投意合，最终产生了恋情。

经过组织批准，他们结为了夫妻。

后来，她又被送到社会部去接受专业训练。史料记载：政治学习和专业训练，密码使用，电台报务，照相密写，以及如何在各种复杂环境中生活、工作，应付敌人的突然搜查和袭击等。

经过专业培训，党组织通知张露萍迅速收拾行装，准备返回四川，利用自己父亲在国民党军中的关系，对川军做统战和情报收集工作。

那一年，张露萍才19岁。

党组织为什么会派这样一个年轻的女同志去做秘密工作呢？

当年，延安中共中央组织部对张露萍做过一份鉴定材料，通过这份鉴定材料我们可以对

李清来重庆纪念张露萍

她有个全面的了解。

一、家庭状况及社会关系

是地主官僚军阀家庭。父亲任军长及行政专员，思想顽固腐化，共有六个老婆。自己母亲在英国牛津大学读书，已改嫁给英人音乐家教师。父亲的朋友多是官僚反动分子，自己认识的人都是前进的革命青年，如李昌等。爱人李清现在在马列主义学院学习，是同志。现和家庭有通信关系和经济关系。

二、来历清楚

由西安办事处领导介绍来此。

三、文化政治水平

高中一年级学生，陕公、抗大均毕业。看书很少，但很聪明，一般问题尚了解，政治认识还好。

四、学习表现

优点：学习有经常的积极性，能利用所有时间埋头苦干，认真学习毫不马虎。无论上课、学习精神都能集中，笔记清楚，有中心。讨论会准备充分，发言积极，有系统、有中心，能借题发挥，了解问题相当深刻，进步快，能帮助别人学习。

缺点：不太虚心，有时表现骄傲和露锋芒。

五、党的观念意识

优点：能服从决议和响应号召，自我批评精神好，对公共事（业）热心，守纪律，保存文件注意，能吃苦耐劳，群众关系好，党课了解后，能在实际行动中反映出来。

缺点：友爱互助的精神不太够，有时表现出自私，不能克己利群。个别的问题，不能站在党的立场上（如平时话）。对人不坦白，也不够诚恳，相当狡猾。

这份鉴定材料的内容非常具体，没有假话、套话。当年的组织鉴定是非常严肃的一项工作，文字表述一定要准确，这是党组织使用干部、培养干部所必须掌握的第一手资料。

按照党组织的要求，张露萍首先到重庆，同中共中央南方局军事组叶剑英、雷英夫、曾希圣接上组织关系，今后由南方局军事组领导。

张露萍穿着旗袍，提着小皮箱，踩着高跟皮鞋，搽着口红，出现在重庆曾家岩50号南方局军事组，把军事组所有同志的目光都吸引去了。"大家来看看，延安来了个漂亮的姑娘，身材好，皮肤好，穿着打扮时髦！"平时延安来重庆出差办事的人员都是一身八路军军装，这下来了一个漂亮的姑娘，把在楼上工作的叶剑英、雷英夫、曾希圣惊动了："你们看什么漂亮的姑娘，我们也来看看！"

在小院的天井，他们围着张露萍上下打量，左右观看："确实漂亮，不错，很好，很有城市姑娘的气质……"

张露萍对首长说："我来这转组织关系，希望尽快安排送我去成都。"

叶剑英、雷英夫、曾希圣相互会意地点点头。雷英夫对张露萍说："你不要慌，先住下。"

第二天，两位女同志告诉张露萍："根据首长的指示，从现在开始，你要执行一个新的任务！"

张露萍说："我还没有回成都，有什么新的任务？"

两位女同志说："任务非常简单，就两条，一是从今天开始，你跟着我们去上街转，想吃什么你就吃，想买什么你就买，绝对不要考虑花钱的事；第二，凡是我们带你去过的地方，你一定要仔细地熟悉地理环境和交通状况。除这两条外没别的。"

就这样，张露萍跟着她们每天上街消费，吃喝玩乐，逛商场，熟悉地形，学说重庆话。每天晚上回到曾家岩，不是叶剑英，就是雷英夫、曾希圣轮着陪她吃饭。不问她花了多少钱、买了什么东西，只问她怎么出去的？经过了哪几个站？走了哪几条街？看见了哪些标志建筑？

这样七八天下来，张露萍基本上弄清了重庆主城区的地理环境和交通线路。此时，叶剑英等人向她下达了五条密令[①]：

[①] 来源于曾希圣、雷英夫等人在成都、崇庆等的座谈、采访讲演材料。

张露萍

其一，黎琳这个名字不再使用，改名张露萍；

其二，中共中央南方局军事组在国民党军统电讯总台发展了两名秘密党员，一位是张蔚林，一位是冯传庆。从现在开始，你假扮张蔚林的妹妹，对他们进行领导，为我们传送情报；

其三，通过张蔚林、冯传庆继续在军统电台里发展党员，建立支部。一旦党员达到三人以上，你即为特别支部的书记；

其四，绝对不容许与任何党员和组织发生横向关系；

其五，万一出现问题，暴露情况，你一个人要承担全部责任。你就是一个以贩卖情报为生，贪图虚荣的女子，绝不能暴露我们之间的半点关系。

就这样，张露萍改换了名字，开始进入国民党军统电讯总台这个高风险的领域执行任务。通过张蔚林、冯传庆，张露萍又在国民党军统局电讯总台将杨洸、赵力耕、王锡珍、陈国柱、安文元发展为秘密党员，建立了一个潜伏在国民党军统电讯总台里的地下党电台特别秘密支部。

源源不断的情报资料被送到延安，源源不断的各种信息被送到南方局军事组。

一次，军统电台特支人员在值班时发现，有一个北平的电台每周都要与重庆军统电台联系，往来电报均为加密，而且直接送到局长戴笠的办公室。经查，这个电台既不属于军统在全国的156个电台之一，也不是民用和商用电台。带着疑问和警觉，他们向中共中央南方局军事组汇报了有关情况，军事组又把这个情况报告给延安。最后发现这个神秘的电台竟然是北平地下党组织的电台！最终，党组织根据这一情报进行设计，成功除掉了一个潜伏在组织内部的叛变卧底人员，保证了地下党组织的安全。

当年，戴笠曾经派了几位特工人员到美国去培训学习，带回两台微型发报机。戴笠电告在西安的胡宗南，让他一定想办法把这些特工人员秘密潜伏到延安，直接收集我党的党、政、军情报。这个电报也被地下党军统电台特支汇报给了南方局军事组。几个国民党特工携带微型发报机刚刚进入陕甘边区，就被边保人员成功拦截。

张露萍领导的地下党电台特别秘密支部源源不断地提供情况资料，有效地防止了国民党特务实施的破坏，也让我党在掌握敌特活动方面总是能够有效应对。

当年，在延安一起参加受训的虹琳（注：即郭徐猷，爱国民主人士郭长城的女儿）回忆："抗大毕业后，我去中央青委工作，张露萍和我二姐一起进入延安川口通信学校，接受无线电电台报务专业训练。……没有多长时间她就不见了，传言大小姐吃不了苦跑了。我急忙跑到安塞碟子沟二姐那儿去打听，二姐肯定说她不会的。我去问李清也说不知道。事隔几十年后，在我们当年的战友李在华那儿得知，二姐虽然不知道张露萍去向，但从接收的特务机关发回电报的手法上，已感觉出卧底的就是她。她机智地将搜集到的国民党高层信息及时准确地转送到周副主席手里，并利用敌人的设备建立了一个'红色电台'，将情报发回延安，使我方成功地掌握了军统电台的分布地点和军统特务的隐藏名单。"

国民党军统局局长戴笠面对计划的屡屡受挫，行动被发现，就怀疑自己的内部有问题。于是，他命令军统局训导处的处长叶祥之对军统电讯总台的人员进行调查，进行甄别，一定要挖出"内鬼"。

1942年初，张露萍谍报圈的暴露激怒了戴笠。所有七位中国共产党特工立即被捕，并遭严刑拷打。戴笠建议立刻处死他们，但遭到蒋介石的否决，蒋下令对他们缓期执行……

地下党军统电台特别支部暴露后，戴笠判断张露萍一定是周恩来、叶剑英手下的特工，所以他决定先把张露萍释放了。戴笠的用意，从当年中共中央南方局军事组组长雷英夫的一份材料中可窥一二：

张露萍被捕后，曾经在曾家岩五十号的巷子里出现过一次。为什么她被

曾家岩50号"周公馆"

捕了，又出来了呢？我们当时判断有两种可能：一个是她很坚定，什么也不承认，特务机关没有办法而采取"放长线钓大鱼"的手段，把她放出来，看她跟谁说话，看她到底进不进周公馆。如果谁同她讲话就抓谁，如果进周公馆就砸周公馆；第二种可能就是她叛变了，引着国民党特务来抓人。但是张露萍出现了以后，见到我们的同志并没有说话，脸绷得紧紧的，表情很严肃。经过我们门口的时候，她离大门只有一米远，跨一步就可以进到院子里来，但她不进，连看都不看就走过去了。因此，我们当时判断是第一种可能性，但也不能完全排除第二种可能性，因为到底是怎么一回事还搞不清楚，只是一种估计。

现在看来，张露萍同志看穿了敌人的阴谋，采取的行动是很正确、很聪明、很成熟的。后来，我们看到有些材料上讲，国民党特务机关认为，领导张露萍的不是"周公馆"，而是重庆地下市委。这就说明，张露萍同志的行动保护了中共中央南方局领导机关没有受到损失。

在国民党军统白公馆看守所，戴笠亲自组织军统特务对张露萍等人进行了严酷的审讯。他威胁称，如果不把问题说清楚，将受到严厉制裁。

张露萍一开始并不知道为什么突然被逮捕，又突然被押到"周公馆"附近就放了。但当她看见尾随的便衣特务时，马上意识到这是一个陷阱。她判断，支部肯定出现了叛徒，而且一定是自己发展的几个人出了问题：后来发展的党员不知道自己与中共中央南方局军事组有联系，所以才会放她到这里来试探。有了这个基本判断后，她再仔细分析戴笠的追问中没有任何细节，判断他并没有抓到收集情报的直接证据。

于是，张露萍很淡定地回答道："我是一个小女子，到重庆来，除了一个穷表哥张蔚林外，谁也不认识。我不会做饭，每天又要下馆子。我在街上瞎逛的时候，看见小米市有人在卖情报，觉得这个很来钱，所以就找我哥哥要情报。赚钱后，我就请他和他同事一起吃饭喝茶，听他们聊天、摆龙门阵，然后把我感兴趣的东西记录下来拿去卖。我除了为钱之外，什么也不关心。没有人指使我，我也不会替任何人工作……"

戴笠虽然找不出张露萍的破绽，但更加相信她接受过特殊训练。一再劝说均无结果，戴笠便指使特务对张露萍施以酷刑。能够折腾一个女人的办法全部用尽，但张露萍就是坚不吐实。

最后，戴笠决定把张露萍、张蔚林、冯传庆、杨洸、赵力耕、王锡珍、陈国柱七人转移到贵州息烽集中营继续关押审讯。

贵州息烽集中营当年关押着七百多名"政治犯"，但新来的几位很是特别：有几个穿着国民党校尉军服不说，还有一个穿着旗袍的女子。他们的言谈举止不像是坏人，但穿着打扮又很难说是自己人。

狱中党组织决定主动出击，在劳动和放风时多次与他们进行接触，但均遭拒绝。因为张露萍等人在狱中坚决执行中共中央南方局的纪律规定：绝不与任何党员和党组织发生横向关系。

随着时间的推移，狱中一些不明真相的人开始辱骂他们是国民党的走狗、是人渣！甚至直接辱骂张露萍！

一方面被国民党特务不断侦讯逼供，一方面还要承受来自自己同志的冷嘲热讽，但张露萍依旧以沉默面对这一切。

有位老人叫韩子栋，山东阳谷人，1933年在北平加入地下党，后打入国民党蓝衣社。1934年，韩子栋因身份暴露不幸被捕，先后在北平、益阳、贵州和重庆关押。

1946年抗战胜利后，韩子栋从贵州息烽集中营转囚到重庆白公馆看守所。狱中十几年，每次放风的时候，他总是拿扫把去打扫过道、厕所，或者跑来跑去，几乎不与其他人员接触。此外，他的阳谷口音，南方人也听不懂。

狱方特务认为这个人关押了十几年，已经对社会没有危害性了，就让他跟着卫兵每天到磁器口河边去买菜、挑菜，当劳动力使用。韩子栋利用这个机会，熟悉了地形和河边的情况。

一次，看守卢兆春带着韩子栋出去挑菜。恰逢磁器口一个商户请卢兆春进去打麻将，让他赢点小钱，以便能够照顾自己的生意买卖。当卢兆春赢钱赢得兴致高昂时，韩子栋在门口站起来："我到厕所去一下！"他边说边走，一直到磁器口嘉陵江边，迅速地上了过河船渡过嘉陵江。经过43天的昼伏夜出，他最后回到了解放区。全国解放后，他在四机部人事司当副司长，后又到贵阳做市委书记。改革开放后，他又做了贵阳市政协副主席、贵州省政协副秘书长。离休后，韩子栋多次在采访中讲述张露萍在狱中的情况，其中讲得最为生动具体的，就是张露萍等人生命最后一天的故事："那一天，我们突然听说张露萍等人要被转移。我们这些"老政治犯"都知道转移背后的含义：他们的生命大限到了。张露萍等人被押到院坝集中的时候，她的双眼死死地盯住我们，身体在微微地颤抖。我们立即意识到她有话要说，便扑向牢门死死地看着她——真想从她嘴里得到一两句话，解答我们对她太多的疑惑！但见她一步一回首，一步一颤抖，直到走出我们的视野，也没有讲出任何一句话！"

张露萍殉难时年仅24岁。

全国解放后，在贵州息烽集中营和重庆白公馆看守所遗存的一些国民党资料中，张蔚林、冯传庆等人的罪名是国民党"军统违纪分子"，张露萍则是

息烽集中营　　　　　　　　　　　　　　韩子栋

"共党嫌疑犯"。由于没人能说明情况,他们无缘进入革命烈士的评定范围,受到人民的纪念。

直到改革开放后,两个方面的情况使得这个积案被复查。

一是雷英夫曾说:1943年延安抢救运动时,康生等人说,黎琳叛变了,是叛徒,是特务。因此凡是同她有过接触的人都受到牵连,"文革"中凡是与他们有过接触的人都为这件事受到了株连……

安徽省省委原书记曾希圣说:"黎琳这个事情不搞清楚,我们的心里不安啊!"

再一个是原国民党军统少将特务处长沈醉被特赦释放后在全国政协文史委工作。他专程到重庆看渣滓洞、白公馆,做心里的忏悔。恰好这个时候贵州省政协原副主席韩子栋又一次来重庆去渣滓洞、白公馆吊唁他的难友。

结果,这对老人在歌乐山下不期而遇了。

在谈起往事时,说到张露萍这些被害人员,韩子栋问:"……我们感觉她和那几个人应该是党员,但是没有证据,与他们接触也得不到任何情况……"

沈醉回答说:"这个案子我知道,一直没有查清楚,蒋介石把戴笠痛骂了几次……"

1982年,中共中央组织部向四川省委组织部下发通知,要求对当年殉难者身份不明人员进行复查。

白公馆、渣滓洞殉难人员身份鉴定工作重新启动。在四川省委组织部对"军统电台特支"案进行查证的过程中,叶剑英同志和雷英夫等同志亲自为这个案件的情况写了证明材料。1983年,四川省委组织部下发文件,追认张露萍、张蔚林、冯传庆、杨

叶剑英写的证明材料

洸、赵力耕、陈国柱、王锡珍为革命烈士。

张露萍等被追认为烈士后,我们立即在全国范围内对他们的文物资料展开收集。

张露萍的史料收集最多的就是图片。她喜欢照相,而且她当时也有经济条件把照片洗出来送给朋友、同学。送出的照片背后她总要写下她的人生感悟:

前程,似天上的云霞。
生活,像海里的浪花。
趁这黄金时代,
努力探索革命真理,
放射出青春的灿烂光华!

对真理的捍卫、对革命的坚定,乃至对自己亲人的无限思念。然而,为了执行党的任务,她将这一切搁置一边,义无反顾地在秘密战线工作,以自己的沉默情怀去面对一切。

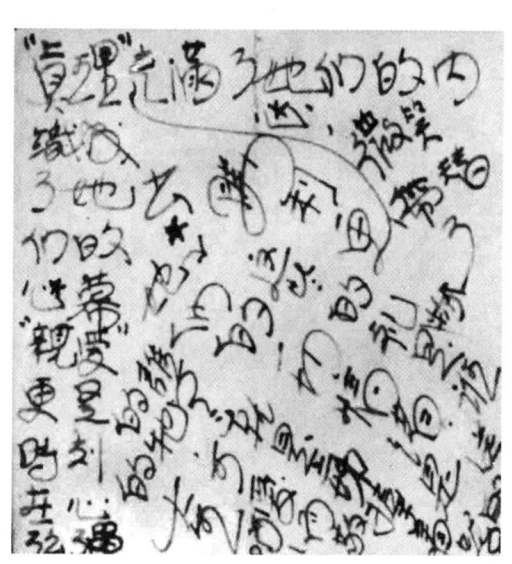

张露萍在延安冬令营　　　　张露萍送给同学照片背后的自题词

我在歌乐山烈士陵园任职期间，曾接待过张露萍的丈夫李清。李清曾是中华人民共和国交通部部长，离休后到重庆来纪念他的妻子。从机场接到李清同志后，我异常兴奋，因为这是我见到的第一位红岩烈士家属，也是我见到的第一位中央部级领导。一路上，我不断地向李清问话和提问题，但他紧闭双眼，一言不发。直到在烈士墓敬献了从北京带来的鲜花、绕墓一周后，他停下脚步问我："厉馆长，在车上你不断地问我，你想了解什么？"我当时就问了一个问题："我想知道与你新婚不久就分别的妻子，在你心目中留下最深的印象是什么？"他抬起头来想了一想，说了这样一句话："她执行党的任务最坚决！"

执行党的任务最坚决！这是对一个17岁走上革命道路，18岁入党，24岁不幸被害的革命烈士一生最好的概括。

我们当年在贵州息烽集中营军统被服仓库附近发掘烈士遗骸时，在张露萍的尸骨下，发现了这些物品：红宝石戒指、化妆盒、手表、胭脂、香水瓶等。通过这些物品我们可以去体会，一个年轻女子对生活、对美的追求。然而，为了执行任务她把这一切搁置一边，心存敬畏地在隐蔽战线，严守纪律，收集情报。

张露萍的化妆品

我到过张露萍的家乡，今天的成都崇庆区多次采访。她家当时的一栋栋的大房产对外展示开放，足已显示其家庭条件相当不错。可是她为什么要去延安追求革命？

我也到过张露萍被关押的牢房里体验生活。如果她当年与狱中任何一个被关押者说明自己的身份，说明自己的真实姓名，也许她不会在牺牲38年后才受到人民的纪念！

我也在张露萍走完自己人生道路最后的十几步梯步上，来回揣摩她的心情状况。作为一个女子，她谈恋爱、结婚、组建家庭。但是被延安派回成都，而后又留在重庆搜集军统的情报资料，她都无条件地服从组织决定，义无反顾地走进隐蔽战线。

在重庆，为了完成延安交给的川军统战情报工作，她经常与张蔚林、冯传庆手挽手，穿旗袍、踩高跟皮鞋、搽口红、戴项链，频频出现在大街小巷，频频出现在社会公共文化场所和电影晚会。以致我们从延安到重庆来出差的办事人员不止一次发现，延安这位同志在重庆这么的花枝招展，腐化堕落，还与国民党人员如此地亲密。

曾经在延安与她住在一起、上下铺的同志在街上发现这种情况，便尾随其后，仔细观察无误后，走到面前问：黎琳，你怎么变得这个样子？

张露萍却回答：小姐，你是不是认错人了？

因此，在延安，有关黎琳在重庆腐化堕落、投敌叛变的说法更是数不胜数。

她的丈夫李清曾到组织部门去问过："我的妻子是不是出了问题？如果出了问题，我与她划清界限！"但被组织部门制止："不准过问、打听你妻子的任何情况。"

从那以后，李清不敢问，不敢说，把自己的妻子、家庭当成一个秘密，死死地压在心里。

直到他接到烈士荣誉证书，才知道自己的妻子早已不在人世。从领导岗位离休下来以后，首先就来重庆、去贵州，祭奠他的妻子。我们来看他在妻子墓前的悼词：

黎琳，别怪我过了46年才来看你！这46年来我们打鬼子、打老蒋、建设新中国；跟天斗，跟地斗，跟人斗！在这风风雨雨的46年中，我是一天也未曾忘怀过你呀！有人说你叛变了，我绝难相信！我苦苦地寻找你46年，今天我们终于见面了，却又被这厚厚的黄土隔开了……

琳，我们没有忘记在延安时曾一起发誓要为振兴中华奋斗终生！

琳，你已经光辉地实践了自己的誓言。我也将努力地弥合心上的创痛，

张露萍雕塑

继续去实现我们共同誓言,你放心吧!

　　张露萍严守秘密,不惜放弃自己的生命,为什么?
　　这是对共产主义信仰的一种执着,她相信人类未来的美好会出现,甚至愿意为这种美好去付出。
　　她敬畏自己的崇高使命,内心有一种强大的力量——我是党的人!
　　我是党的人!
　　这是一个神圣而不可玷污的荣誉。这是红岩英烈的一个显著特征,是地下党员的一种特质,是一个神圣而不可玷污的称号!在政治上做出选择后,张露萍无限憧憬共产主义的远大理想,把对党的誓言,把为党工作当成她生命中的重要内容。任何时候她都以这种坚强的党性来要求自己,决不做出玷污党的荣誉的事情,哪怕是献出自己的生命。

★阅读思考：

1. 张露萍等七位烈士牺牲自己的生命，保守党的机密，在任何情况下决不突破单线联系这一原则，以至新中国成立后长期无缘获得革命烈士的称号。面对这段经历，我们该作怎样的思考？
2. 如何理解纪律是对安全的保证？

沈安娜：绝对忠诚，名誉、地位、金钱一概不顾

忠诚，是中华优秀传统文化的精髓。在革命战争时期，忠诚往往需要经历生与死、得与失、荣与辱等重大考验和锤炼。"天下至德，莫大于忠"。在隐蔽战线默默坚守14年的沈安娜，做到对党绝对忠诚，以其政治过硬、坚强的党性和坚定不移的信仰，完成任务，最终能够从敌营全身而退。

沈安娜

沈安娜是中共最杰出的秘密情报员之一，国家安全部曾向她颁发"长期坚持在隐蔽战线作出贡献的无名英雄"荣誉奖章及荣誉证书。

她在国民党中央机关担任速记工作14年，一直没有暴露。一是她对党忠诚，坚守我是党的人的政治立场。二是她始终严守"上线不动、下线不为"的纪律要求。她成功在国民党中央卧底14年的生涯，证明纪律是安全的绝对保证。

抗日战争时期，我们党为什么与国民党既团结又斗争，其结果是斗而不破？为什么我们党总是有理、有利、有节地开展工作？一个根本原因就是能够及时掌握情报，对问题做出准确的判断和对策。要么及时公之于众，给予揭露，争取在舆论上的支持；要么在军事上早作准备，采取主动，使敌人不敢轻举妄动。

解放战争时期，在华北各地转战的中共中央对蒋介石国民党的军事

部署就更是了如指掌。蒋介石的肚子里就好像钻进了共产党一样,他上午在重庆开会骂了娘,毛泽东晚上在延安窑洞里就知道谁挨了骂。一些国民党元老如张继等人就曾当面对蒋介石说过:"共产党就在你身边。"

在蒋介石身边的这位共产党员就是沈安娜。

沈安娜,1915年出生于江苏。1934年,她被推荐到国民党浙江省政府当速记员。1935年秋,经中央特科领导王子文批准,沈安娜和中共党员华明之在上海举办婚礼,结为夫妇,从此共同战斗在党的隐蔽战线。她凭借优异的速记能力得到省政府主席朱家骅的赏识。全面抗战爆发后,朱家骅升任国民党中央党部的秘书长,沈安娜被朱家骅安排在国民党中央党部做速记,并成为了中央党部的"特别党员"。在丈夫华明之的影响下,此时的沈安娜已经为中国共产党提供了近四年的情报。

"沈安娜打响的第一炮。"这是原中央特科二科科长王学文对沈安娜提供的第一次情报的评价:"沈安娜将宣铁吾'清剿'皖浙赣边区和浙南地区红军游击队的报告,国民党的计划以及武器装备,公路碉堡的附件、图表等重要情报,用特殊药水写在信纸背面,然后正面写一般的家信。"

沈安娜、华明之夫妇

中华人民共和国成立后沈安娜夫妇与王学文合影

在二期抗战中,蒋介石向身在重庆的陈绍禹、吴玉章等提出要求,想把国民党和共产党合为一个大党。蒋介石蛮横地说:"共产党不在国民党内发展也不行,因为民众也是国民党的,如果共产党在民众中发展,冲突也是不可免。"而中国共产党则表明:"在坚持抗日民族统一战线中共同发展，两党可以合作，共同发展。"但是蒋介石顽固地坚持："他党可以并存，共产党不能并存。""如不取消共产党，死也不瞑目。"

这就是抗战时期国共两党关于"一个大党"的争论。

在国民党中常会上做速记的沈安娜

国民党蒋介石对共产党"融"之不成，便要采取行动对共产党进行整治。

1938年8月下旬，沈安娜和华明之来到重庆，暂时住在下半城西二街22号国民政府"管理中英庚款董事会"的宿舍里。

1939年1月，国民党五届五中全会在重庆召开，沈安娜担任全会的速记，并负责保管会议的有关文件。这次大会主要研究了"二期抗战"的军事、政治、经济、外交、党务等问题。蒋介石在会上强调，"绝不愿见领导革命之本党发生二重党籍之事实"。"如何与共产党作积极之斗争"成为会议的重要内容之一。会议确立了"防共""限共""溶共""反共"的反动方针和"限制异党活动办法""共党问题处理办法"，成为国民党发动第一次"反共"高潮的纲领性文件。沈安娜就坐在离蒋介石仅三四米远的桌子旁作速记。沈安娜及时将会议文件在国民党公布前送到中共中央南方局，为中共揭露国民党制造"反共"高潮的《磨擦从何而来》一文提供了有利证据。

国民党五中全会后，沈安娜参加国民党中央常委会，将国民党"反共"的军事部署、特务机关对中共组织进行渗透和国民党中统局对中共组织的调查统计等情报资料，以及朱家骅在浮图关举办中央训练团主讲具有特务工作性质的"调查统计"的讲稿，及时送交给了中共中央南方局。

1939年秋，中共中央南方局组织部部长博古根据沈安娜的表现，认为她经受了严峻考验，在隐蔽战线为党作出了贡献，已经具备了入党条件，决定接收沈安娜入党，由卢竞如做她的入党介绍人，并负责同她秘密联系。

1941年初,蒋介石发动第二次"反共"高潮,制造了震惊中外的"皖南事变"。后来在中共的坚决斗争和国内外广大舆论的谴责下不得不稍事收敛,表示今后"绝无剿共之军事"。但到当年11月,国民党又在五届九中全会上策划新的"反共"高潮。此时,沈安娜的第三个孩子华庆新刚刚出生,还没出月子的她虚弱得体重不足一百斤。但得知这次会议极其重要,她坚持参加会议做速记,获得了何应钦和特务头目徐恩曾的报告稿以及《关于党务推进的根本方针》等重要情报。在会议期间,为了获取情报,她主动要求协助整理会议材料,并不时到印刷股溜达。这一次,她获取的情报得到了远在延安的毛主席的重要批示:"九中全会表现了国民党的极大动摇性……"

　　1942年8月,在沈安娜的情报工作生涯中,发生了一次十分危险的事件,那就是沈安娜的直接领导人徐仲航突然被国民党逮捕了。她与中共中央南方局的联系戛然中断。为了保护沈安娜、华明之,中共中央南方局党组织暂时中断与他们联系,"冷藏"了三年之久。

　　这时,沈安娜的内心非常焦急。她知道八路军办事处就在红岩嘴,几次都想去找组织。可是她清醒地知道:自从国民党发动"反共"高潮以来,红岩嘴周围布满特务,如果贸然前去,不仅给个人带来危险,丧失工作岗位,而且将使党组织和同志们受到牵连。她默默地告诫自己,要牢记周恩来"地下情报工作要长期隐蔽"的教导,决不轻举妄动,坚持耐心等待组织的出现。

　　1943年,宋美龄经常到妇女指导委员会发表演讲,需要有人记录。该会总干事知道沈安娜速记水平高超,就邀请她去作速记。为取得宋美龄的信任,沈安娜精心速记并将其整理成文,将记录装订得非常漂亮。宋美龄看后十分高兴,以后每次讲演总要把沈安娜带在身边。这样,沈安娜成了蒋介石和宋美龄的速记员,又多了一个搜索情报的渠道。

　　1945年10月下旬的一天晚上,沈安娜在家里惊喜地见到期待已久的南方局负责秘密工作的吴克坚。

卢竞如

吴克坚同志1984年在他的回忆录中写下1945年的情景："我受中央社会部李克农委托到上海搞地下工作。在到上海前，我在重庆又找到了沈、华夫妇。我一方面向他们转达了周恩来同志对他们卓越的工作成绩予以嘉奖；另一方面我希望他们继续提供情报。他们及时提供了情报。"

1946年初，旧政协开幕，沈安娜白天参加大会作速记，晚上还要参加国民党的党团会议作速记。为了尽快地了解国民党的更多内幕，不管多累多困，晚上的党团会议她必定参加。蒋介石

吴克坚

不想实施《双十协定》，特别指示国民党代表在政协会上对政治、军事以及民主等问题的几个关卡要把住。国民党代表每天晚上的党团会议就是讨论如何实施蒋介石的策略，第二天如何对付中共。他们商定在会上攻什么，守什么，谁先发言，最后谁提折中方案等等。他们的会议刚一结束，沈安娜就把会议情况写出来连夜送交中共中央南方局派来的同志。凭借于此，我党出席会议的委员比国民党委员更早地看到了他们精心密谋的底牌，在会议上采取了有效的行动。

由于政协决议不利于国民党一党专政的法西斯独裁统治，会议刚结束，国民党就于1946年2月召开六届二中全会。这是抗战胜利后国民党召开的第一次全会，会上将讨论国民党在战后的大政方针，这又是一次非常重要的会议。中共中央南方局天天等着沈安娜送去的情报。当时大会有几个速记人员，轮流记录、整理，沈安娜不能参加全部会议。她与机要处印刷股长沈达之关系很好，印刷股虽属重地，但沈安娜能随意出入，有机会她就取回这些会议文件进行摘录。国民党机关内部有个规定，经过中央党部秘书和处长同意，可以借调党部人员的亲属到大会担任临时工作人员。沈安娜为全面了解会议情况，就向处长张寿贤建议，将自己的丈夫华明之调来大会工作。张对沈安娜完全信任，表示同意，于是华明之就进入了大会速记组担任记录稿的文字修改和校对工作。这样，沈安娜就将大会的全部情况都掌握了，然后通过联

系人送交中共中央南方局。就在这次会议期间，周恩来于3月11日召开的两党代表会议上，义正词严地批评了国民党企图破坏政协决议的阴谋。周恩来对这段时间沈安娜的情报工作非常满意，说沈安娜送来的这些材料"及时、迅速、准确"，要吴克坚对沈安娜给予表扬。

1946年3月到4月，国民党又召开了两次最高国防委员会，还召开了中央常委会，进一步策划进攻解放区的阴谋。在一次中央常委会上，蒋介石提出要利用与共产党谈判，争取时间，依靠美国的飞机和军舰，迅速向各战略地区调兵遣将，向解放区进攻。党中央根据沈安娜提供的情报，以及其他来源的情报，针对国民党的兵力部署作出相应的对策，同时通过宣传机构公开揭露国民党准备内战的阴谋。

如此重要的会议，怎么会提前让共产党掌握，并在报上公布？一定是内部有问题！

国民党中央党部秘书长吴铁城下令秘书处、机要处追查何人走漏消息。处长张寿贤把此事告诉沈安娜，她暗暗考虑对策，沉着应战。秘书处开会时，处长让大家回忆当时有何异常情况，沈安娜装作无意地问了一句："中央社的×××是常来的，那天他好像也来了吧？"她深知国民党内部矛盾很多，又都抱团排外，而中央社那个人又不在场，无法核对。秘书处头头怕负责任，也不愿自己的部下出事。果然，沈安娜刚说完，其他同事也都纷纷说这个人作风坏，如何如何，消息有可能就是他走漏出去的。

1946年4月，国民党中央机关开始从重庆逐渐迁回南京。在整个解放战争期间，中共中央南方局指示沈安娜：要重点搜集国民党的军事情报，同时注意搜集国民党各派系头子的政治态度和主张。

沈安娜按照中共中央南方局的指示，在解放战争的三年中，参加了国民党历次中央全会、中央常委会、国防最高委员会（后改为政治委员会）以及立法院的所有重要会议。她全神贯注地记录着何应钦、白崇禧、陈诚等军事头目的军事报告，特别注意蒋介石的言行，他的每一次举动都被清楚地记录下来。蒋介石鉴于内部失密的教训，每逢讲到绝密军政问题时，总是突然下令："这段不许记，把笔搁起来！"这时，沈安娜也只好和别人一样搁下手中的笔。但她知道,蒋介石越是不让记的话,恰恰也是党最需要了解的。她就细心地在心头默记,到休息时间,马上佯装去厕所,速记在草纸上。当时国民党中央党部对保密工作也做出了新的规定,如不准工作人员带文件和笔记本回家。但沈安娜还是想办法把速记材料带回一份,回家后赶快译成正式文件送给党组织。

1947年,沈安娜获取国民党六届三中全会、六届四中全会、中常会、中政会上小范围军事头目所作的多次军事报告,由华明之整编,常密藏在南京板鸭中,由华藻送到上海。吴克坚的内勤说:"南京板鸭到了!"即指来自"大本营"的情报到了。他们迅速整编,再由密台报中央情报部。

1948年,几位国民党元老提名沈安娜竞选"名利双收"的立法委员。沈安娜对华明之说:"立法委员比速记员获得情报少!"商议后婉拒了。在名利与情报工作之间,他们选择了后者。吴克坚同志说:"你们是自愿作出这个决定的。对名誉、地位、金钱一概不顾,实在难能可贵!"

1949年1月15日至1月21日,蒋介石连续召开"中常会",讨论蒋引退与中共和谈问题。这几次"中常会"内容极为重要,仍由华明之、沈安娜"流水作业",传送到党组织手中,直达西柏坡。

1月21日,在总统官邸,蒋介石主持他在南京召开的最后一次"中常会"。这也是沈安娜情报生涯中,最后一次为蒋介石、为国民党"中常会"担任速记。沈眼见场面甚为凄婉,蒋正式宣布"引退"。

在南京的三年,沈安娜经常告诫自己,在这重要时刻绝不能暴露自己。她在家里绝不放任何进步书报,生活上符合潮流,穿着入时,常看美国电影,春秋之际常与同事们出去游览。逢年过节总要去看望上司,送点礼物。国民党的"元老派"有影响,各派系头子都

沈安娜、华明之在南京合影

1949年2月,沈安娜全家在南京留下了最后一张纪念照

怕他们三分,沈安娜就向他们"敬求墨宝",然后把居正、于右任等人写的条幅、对联挂在屋里,机关里人以为沈安娜与"元老派"交情很深,上司也更信任她。直到国民党作鸟兽散,从无一人怀疑过她是共产党。

1949年初,吴克坚根据中央情报部的指示,要沈安娜和华明之在适当时候由南京撤至上海。2月,华明之随资源委员会先期撤到上海,沈安娜则一直坚持到4月南京解放前夕,才以回去看看孩子为由撤回上海。1949年5月,上海解放,沈安娜和华明之这对中共红岩特工夫妇终于回到了党的怀抱。沈安娜继续在党的秘密情报战线上工作,华明之则离开了情报战线。1983年,沈安娜从上海市国家安全局的工作岗位上离休,华明之从上海国际问题研究室离休。随后,他俩被国家安全部聘为咨询委员,从上海迁居北京,安度晚年。2003年,华明之在北京病逝,享年91岁。

1949年5月1号,经周恩来批发,中央情报部对吴克坚同志在解放战争时期领导的情报工作和这一战斗集体所做出的显著成绩给予嘉奖:

"克坚并转全体工作同志:几年来你们在克坚同志领导下,不避艰险,任劳任怨,坚守工作岗位,获得敌人各种重要情报,建设和保证了同中央的联络,直接配合了党的政治和军事斗争的胜利。你们的工作是有成绩的,特电嘉奖。并望在胜利中毋骄毋躁,为全国解放及解放后同各种敌人作长期的隐蔽战争而继续努力。"

后来，沈安娜在接受我的采访时说："国民党给我的待遇也不错，在国民党中央工作条件也是很好的，生活上也是无忧无虑的。但我随时牢记自己入党时的承诺——对党忠诚，为党工作。这是支持我数年卧底国民党内收集情报的关键。忠诚是我的价值，信仰是我的力量，卧底是我的任务。一个人可以做很多事情，但去做一件危险而又有意义的事，就体现出了一个人的价值和重要性。失去联系的那个时期我也曾经有过痛苦，也曾经想主动去找党组织联系，但每次都克制自己，坚持'上线不动，下线不能动'的原则。党没有忘记我，当党组织与我接上关系时，我那激动的心情无法言喻。因为我是党的人，我在为党工作，这是好大的成就感啊！周恩来、董必武要求我在隐蔽战线工作，我就严格要求自己做到同流不合污，始终想到我是党的人。搜集传送情报有危险，所以，执行纪律就必须要严格。纪律是对安全的绝对保证，这是我能够不出事、活下来的关键原因。"

我在采访沈安娜女儿华克放时，她说："妈妈对红岩有很深的感情，她说那是她一生最值得怀念的地方！她一生始终牢记周恩来的要求：既要大胆又要谨慎。"

从 1935 年到 1949 年，沈安娜卧底

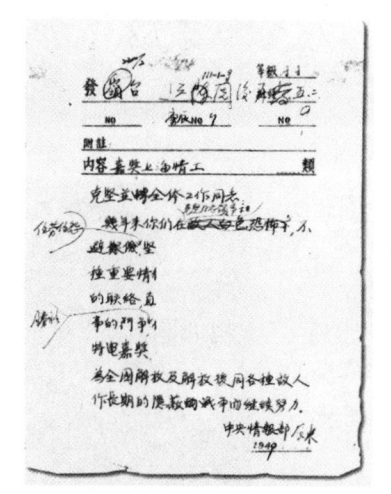

中央发给吴克坚的嘉奖电

沈安娜、华明之书写周恩来提出的工作要求：既要大胆又要谨慎

厉华采访沈安娜女儿华克放

敌营收集情报，为中国共产党在抗战中坚持独立自主的原则，坚持团结左派、争取中间派、孤立打击顽固派作出了巨大贡献。在解放战争时期，她克服重重困难，及时准确地传送情报，被周恩来评价为"迅速、准确"。

沈安娜在秘密战线上，没有监督、没人管理，更没有组织生活，完全依靠绝对信仰上的一种忠诚为党工作。这就是无名英雄，在秘密战线奉献自己的青春，奉献自己生命中的一切，在中国革命的壮丽事业中，于无声中建立功勋！

2010年6月16日，沈安娜在北京去世，享年95岁。

"沈安娜以对党的绝对忠诚和坚定的革命信念，以正派的品德修养和精湛的速记技能，不仅在敌内站稳脚跟，未被敌人察觉，而且面对险恶的对敌斗争环境，不畏艰险，不怕牺牲，机智勇敢，巧妙应对，克服了种种难以想象的困难。在抗日战争和解放战争时期，向党组织提供了大量国民党中央党政军各方面高层内幕情报，其中有些具有战略预警价值，为配合党的对敌斗争发挥了重要作用，多次受到组织领导的表扬与嘉奖。"（注：摘自沈安娜生平事迹介绍）

回望我们党的革命斗争史，既有在战场上涌现出的一批批英勇杀敌的战斗英雄，又有在惊心动魄的隐蔽战线上战斗的许多无名英雄。他们忠诚于党、深入虎穴，所面临的危险和困难并不亚于和敌人面对面战斗。他们在信仰力量的支撑下，不忘初心，创造了一个又一个奇迹，为民族独立和人民解放事业作出了独特而重要的贡献。

★阅读思考：

1. 怎样理解毛泽东说的"我们要消灭敌人，就要有两种斗争。一种是公开的斗争，一种是隐蔽的斗争"？
2. 我党隐蔽战线的共性品格和做人规范是："有苦不说，有气不叫"，在今天弘扬这种精神的意义是什么？
3. 如何理解真正的共产党员不仅要在顺境中，在党信任自己的时候接受考验，更要在逆境中，在被组织误会的时候接受考验，百炼成钢？

盛超群：革命志愿者，敢于向黑恶势力开战

盛超群烈士

一个人的理想只有同国家的前途和民族的命运相结合才有价值，一个人的追求只有同社会的需要和人民的利益相一致才有意义。

中华民族历经磨难，诞生于国家存亡关头、民族危难时刻的中国共产党置国家民族人民利益于个人荣辱之上，激励着怀有忧患意识的革命青年自强担当，把推动民主文明作为自己的人生实践，并为之奋斗牺牲。红岩英烈盛超群就是典型之一。

他是国民党中央军校的学员，却从延安抗大毕业；是国民党中统局建立的"党网"的成员和县参议员，却与县党部书记和地方政客势不两立；是一个提笔直书的文弱记者，却能调动一群武装特务抓捕"仇人"；是大特务徐远举非常憎恨的死敌！

肩负使命的盛超群，有一种要照亮世界、熔化黑暗的壮志。

"把农村的工作搞起来"，从延安受训结业被派遣回家乡的盛超群始终牢记党组织的要求，宣传鼓动群众，与黑恶势力斗争，极大地增强了党的社会基础。

1938年10月，盛超群回到了自己的家乡云阳县。在国共合作建立抗日民族统一战线的大背景下，盛超群穿着从延安带回来的八路军服装，

20 世纪 40 年代云阳

在县城的集市、在县城的中心地带，在学校、居民区宣讲抗战的背景、前线杀敌战况，介绍延安的中国共产党根据地，呼吁广大群众为国家、为民族的生存尽自己的力、尽自己的责……他发起组织的"抗敌后援会"，成为全县最有影响、最有号召力的社会团体组织。在盛超群抗日爱国激情演讲的感召下，云阳中学有10多个学生走出大山投奔延安；在盛超群的积极组织和八方联络下，云阳援助前线的物资通过长江运送出去；在盛超群的积极组织下，云阳的抗日活动小组、社团在学校不断地出现。

蜀道难，难于上青天。在交通不便的三峡腹地云阳山区，一个革命志愿者将共产党的声音传播到这里，宣传抗战、唤起民众。

在全国抗战逐渐转入相持阶段后，国民党又开始顽固地推行"攘外必先安内"的错误政策，积极筹备"反共"高潮，同时国民党政府加紧在全国各地征兵，特别是在四川几乎是强行在各乡各村按家户抽丁。在云阳，盛超群公开带头抵制国民党在乡村抓兵。他向各乡保主任宣讲：在延安，八路军与军民合作，军民一律平等，不能够强行征调壮丁！盛超群指责，这不是三民主义，是搜刮民脂、民膏的二民主义！他的行动和行为引起了云阳县国民党党部和政府的极大不满，云阳县长向川康绥靖公署密报盛超群"妄事宣传、反抗兵役"的罪名！1939年3月，盛超群被抓进监狱关押！

盛超群被捕的消息不胫而走。当他在押往狱中的途中，许多群众沿途围观，他们不知道这个热情宣传抗战的青年犯了什么罪！20岁的他，在云阳一带是远近闻名的抗日演讲家，是爱国、爱民的好汉子！盛超群被捕一下子在云阳县形成了较大影响，以致国民党当局不审不判无理由羁押5个多月！在这期间，随着社会舆论的不断扩大，盛超群也积极开展自救。他一方面写信向国民党中央执行委员会申诉："……此间政府，不思之今日共同抗战、共同建国为何事，擅以私见，非法逮捕人民！"一方面又给社会知名人士、参议员邹韬奋写信求救！最后，迫于社会舆论的压力，特别是参议员邹韬奋在参议会上的特别议案，云阳县法院在过场性的审判后，于10月28日将盛超群"交保释放"！云阳县政府梁县长在释放令上签署："对盛超群严密监视"。这次保释盛超群出狱的是云阳县桑坪乡的同族乡亲和联保主任刘障东。他在保释书中称盛超群是"年少幼稚"，劝盛超群不要太血气方刚、不要太愤世嫉俗。在云阳县国民党党部的管训和监视之下，盛超群毫不惧怕，决心要拿笔做刀枪，坚决与黑暗的反动势力做斗争！

拿起笔，做刀枪，敢于向黑恶势力开战！

为了有公开合法的身份，盛超群参加了国民党并且创办了油印刊物《正义通讯》。抗战时期，国统区流行一句话："抗战前线吃紧、抗战后方紧吃"。盛超群搜集当地政府贪污腐化的种种劣迹在刊物上揭露；针对国民党在农村强行征收和提高税费、老百姓怨声载道的状况，盛超群写文章对国民党消极抗战、八路军积极抗战的情况做深度分析……盛超群的家里人和同族的长辈们对盛超群如此倔强地揭露土豪劣绅、贪官污吏的行为在道义上给予了支持和同情，同时也为他的处境和安危有更多的担心。可是盛超群在这个时候却表现出义无反顾的斗争精神。他要呼唤正义。他把自己的命运同国家社会的发展紧紧地联系在一起。

盛超群秘密刊印的《正义通讯》在云阳县产生

1940年盛超群

了一定的影响，一些开明的人士和团体给予了经费方面的资助，还有一些进步人士向盛超群提供了许多反动官吏鲜为人知的内幕情况。因此《正义通讯》在全县成为一份大家都喜欢阅读的油印刊物。后来由于在学校散发而引起了国民党特务的注意，当国民党县政府发现是盛超群所主办的时候，县政府要求县党部以"迭发传单宣传共产主义，污蔑党政首长、破坏役粮要政"的罪名逮捕盛超群。1943年，24岁的盛超群又一次被捕入狱。为了严惩盛超群，由云阳县党、政、军、团、参议会联合会审，他们指责盛超群破坏抗战、扰乱民心、栽赃污蔑……面对无理指控，盛超群予以有力反击！

对指控他私办刊物、散发刊物蛊惑民心，盛超群反诘道："你们有什么依据？你们抓到我什么现行？"

对指控他污蔑党政首长，盛超群举出一桩桩、一件件具体的事例说："防民之口胜于防川，要想人不知除非己莫为！"

由于没有足够的证据，再加上社会舆论的压力，盛超群在被关押14天后又被当地的一些乡绅、知名人士及族人联名取保释放。

对于盛超群这样一个革命青年，云阳县国民党党部和县政府最后采取的办法是将他逼出云阳县，不让他在当地待下去。

在一系列的迫害行为下，1944年，盛超群不得不离开自己的家乡云阳。在进步人士的帮助下，他考入上海法院万县分院新闻系报业专修科学习。

在学校，新闻系的报业专业非常适合这个喜欢拿笔进行战斗的青年。他参加了学校《中外春秋》编辑部的工作。他更加地关注时局，努力地学习各种新闻知识。他经常参加各种笔会、书会，思想觉悟、文化水平在学习的过程中不断得到提高。

除了在学院的《中外春秋》上经常发表批评讽刺和有关时政的文章外，他还经常在万县的一些报刊上写一些批评官场、鞭笞贪官污吏的文章，成为当地有影响和有声望的"无冕之王"。像他写的《开县刘县长不爱江山爱美人》《万县警察局长的形形色色》《万县专员内幕新闻》《空军刘队长大显身手，云阳包县长跪地求饶》……在当时的社会都是很有影响的文章。盛超群敢于替读者讲话、敢于为含冤受屈群众呼吁、敢于撰写别的人不敢写的文章、

敢于顶住威胁利诱、敢于承担风险，因此盛主笔也成为他的代名词，甚至成为社会群众喜欢的代言人。

盛超群敢于挑战国民党的腐败风气，意气风发，伟大的热情源于他对国家民族的一种责任。

万县地下党组织对盛超群的才华和胆量早已非常了解，中共万县县委书记、在万县地方法院任统计室主任的雷震同志就与他有过密切接触。盛超群曾表示：希望能够加入地下党组织，而雷震却希望他能够继续保持这种"灰皮红心"的方式，既能够保护自己公开合法，又能够相互照顾、互相合作开展一些群众性的活动。比如，国民党奉节师管区的万司令在当地无恶不作，强奸民女、活埋壮丁……地下党员要除掉这个恶霸一般的万司令，他们通过盛超群的堂兄、地下党员盛腾芳，将万司令的种种恶行告知，希望在万县地区想办法给予揭露！盛超群接到信件后，立即到奉节进行调查。当他掌握了大量材料后，回到万县写了《白面书生万将军、风流潇洒多情人》的大篇文章，并且还写了专题评论，在《中外春秋》上刊发。文章流向社会后，立即引起了轩然大波！这个万司令居然派人到万县，要求公开道歉，否则就抓人！在遭到严词拒绝后，他们又下矮桩，托人请客送礼，要求"更正"，这也同样遭到拒绝。后来，奉节的地下党同志以被奸污学生学校群众的名义，写信给湖北恩施六战区司令官控告，迫于万县地区的舆论和事态发展的影响，万司令被押到恩施并且被撤职查办！

由此，盛超群对于舆论阵地的作用更加看重。他坚持言之有理、言之有实、言之有据。他总是坚持获得第一手资料，亲自调查研究。他总是运用新观点、新思路，使自己的文章富有战斗性和吸引力。

抗战结束后，《中外春秋》移交给万县图书馆段馆长，改为《春秋新闻》接办，盛超群受聘为主编。与他一起从延安回来的地下党员李蓟来看望他，这使盛超群喜出望外！他接受了李蓟这是一个重要阵地的说法，而且也接受

盛超群烈士

盛超群烈士遗物：钢笔、图章

了要有更加合法的外衣作掩护的建议。由于盛超群的文章多为揭露社会现实问题和国民党内腐化堕落情况，他不断地被指责为"共党分子"！当时主管《春秋新闻》的段馆长，主要是为了利用盛超群的文笔和名声不断扩大《春秋新闻》的发行量，面对种种指责，提出：希望盛超群参加国民党党员调查网的工作，以排斥和回应来自国民党内的各种指责。为了更好地调查和掌握国民党内部的一些贪污腐化、违法乱纪的事实，盛超群参加了国民党党员调查网的工作，并且还以此为契机联络家乡开明的有识之士，为自己竞选上了云阳县参议员的职务。

1946年，盛超群写了一篇文章《万县三首长动荡之谜》，在《春秋新闻》上一发表，顿时搅得当地官场一片惊慌，但也使盛超群面临了巨大的压力和防不胜防的攻击。

文章直接揭露专员、县长、警察局长，闹得满城风雨！这篇文章事实充分、证据确凿，揭露了地区专员、县长、警察局长权钱交易、买官卖官、欺压百姓、中饱私囊的种种丑闻。搞得专员、县长、局长丑态毕露，难以下台。于是他们狼狈为奸、咆哮如雷，指控盛超群是异党分子，《春秋新闻》攻击政府、替共产党宣传等，要求大家联合起来向盛超群进攻。在如此黑云压城城欲摧的高压态势下，盛超群没有被吓到，怀着对邪恶势力的仇恨，他公开写文章抨击万县警察局"压制民主迫害进步人士"。万县地区以新闻检查为由，不准刊登文章。无奈之下，盛超群冒着生命危险在《春秋新闻》上开了一个"大天窗"，一个醒目的标题《记者笔下一滴墨，局长枪下一滴血》印在报纸的头版上。

赫然醒目的天窗标题使《春秋新闻》的忠实读者感到万分惊奇！他们纷纷四处打听专员、局长、县长之间的黑幕新闻，结果使整个万县舆论沸腾，三个官员的丑闻更是不胫而走！恼羞成怒的万县专员、警察局长和县长勾结起来，决定秘密逮捕盛超群！

在万县地下党组织和进步群众的密切配合下，当万县的党政官员还没有动手的时候，盛超群已经安全到达了重庆。结果，当万县警察去逮捕盛超群扑了个空的时候，盛超群却正在重庆以云阳县参议员的身份举行新闻会，向重庆的记者揭发万县地区专员、警察局长、县长，权钱交易、买官卖官、欺压百姓、中饱私囊的种种丑闻，引起社会舆论的强烈反响！给万县的那些贪官污吏造成了巨大的社会压力，客观上制约阻滞了那些腐败事件的恶性发展！由于盛超群有合法的县参议员头衔，他又到重庆国民参议会不断地进行投书反映，引起一些市参议员的重视和呼吁，同时盛超群也因为有极强的参政议政能力得到许多参议员的赞许和重视，并且还有参议员积极推荐盛超群出任省参议员。

在重庆的几个月时间里，盛超群广交朋友，结识了不少有识之士。1947年，他又回到了云阳县。由于他在重庆有了一些人际关系，再加上云阳县的一些家族势力关系，他被推选为四川省参议员候补委员。有了这个更大的合法身份后，盛超群更加关注社会民主、民生问题。他还利用国民党"党网"工作这个平台，调查县里一些为民众痛恨的和老百姓关注的事情。他仍然是通过揭露、宣传这个手段，不断地呼吁社会的公平和正义！用我们今天的话来说，他是一个非常有责任心的社会志愿者和有正义、良知的社会活动家！

敢于斗争、善于斗争，盛超群为配合武装起义，转移国民党的注意力，他直击国民党县党部。

1947年，川东地下党组织执行上海局牵制国民党兵力出川的指示精神，决定发动武装起义！盛超群家里为武装起义的准备工作提供了许多物质上的帮助。他的堂兄地下党员盛腾芳向他介绍了全国形势发展的情况，将有关武装起义的情况也告诉了他。为了配合地下党搞武装起义，转移国民党反动势力的注意力，盛超群在云阳县里搞了个轰动全县的"诉讼案"。县参议员盛超群状告国民党县党部书记长杨秋东！这个国民党县党部书记长，是一个劣迹昭著的"反共"老手。他镇压革命，纵匪殃民，贪污中饱，残害孤儿，群众无不痛恨。过去盛超群在报纸上揭发过杨的罪行，这次正式向法院提出诉讼，采取"里外夹攻"，公开打击国民党的反动气焰。他在《呈状》中写道："本县县党部书记长杨秋东，竟然包庇匪首袁××及吞蚀救济院五十名孤儿之经费食米，事实昭著，证据确凿"，"超群激于义愤，曾迭次向上级党部检举无效，乃挺身向本县地方法院检察处告诉"。

由于杨系该县权势极大之党魁，法院不敢传讯。但盛超群不肯罢休，又向万县地方法院控告，要万县地方法院行文云阳传杨到庭对审。盛超群的诉讼，搅得云阳县党部、县政府惶恐不安，县党部书记长和委员们心神不定，分散了他们镇压农民武装起义的精力。

被盛超群搞得狼狈不堪的国民党地方官员联合起来向盛超群进行反攻，他们联合向重庆行辕二处控告"盛超群是云阳、万县地区共党组织的领导人，在云阳、万县一带宣传赤化，煽动暴动"。同时县党部书记长杨秋东，趁盛超群只身去万县催促法院办理这项诉讼案之机，暗中勾结盛超群的"死对头"、万县警察局长艾某，于1948年正月初九晚上，在万县旅栈将盛超群逮捕，秘密关押在专署保安队。

在狱中杨秋东勾结万县警察局艾局长，对盛超群滥施酷刑，要他承认对县党部书记长是图谋诬陷，要盛超群撤诉！面对淫威酷刑，盛超群坚贞不屈，在狱中他继续向四川省政府上书控告信，要求省政府"派员莅县，以白冤诬"。

当盛超群在万县被捕的时候，国民党重庆行辕二处正在焦头烂额地对付地下党《挺进报》案件，行辕二处处长徐远举四处派人卧底、八方扩大侦破，妄图找到破坏《挺进报》的线索。正当徐远举一筹莫展的时候，他突然接到云阳、万县警察局所报发现共党活动首领的报告。徐远举在看上报资料的时

云阳南溪老街（地下党活动旧址）

候，看到盛超群印发刊物、污蔑政府、攻击政党这些内容，他的心里禁不住一阵狂喜。他感觉或许能从此案中发现地下党《挺进报》的线索。于是徐远举立即派人奔赴云阳，提押盛超群。1948年3月，盛超群作为共党重犯被押到重庆。

徐远举即令二处侦防科陆坚如亲自对盛超群进行了审讯！陆坚如是一个讲求动刑问案的特务，他认为在刑罚面前没有不招供的，但是在他用刑罚对付共党案件中的招供者也是比较少的！这次，面对这个共党重犯盛超群，要从他的嘴里撬出《挺进报》的线索，陆坚如却一反常态。

陆坚如没有一上来就劈头盖脸地用刑法打下马威，而是轻言细语地问盛超群："你办报纸攻击政府、污蔑政党究竟是为什么？政府有问题，可以提意见、可以讨论，干吗要做这些煽阴风、点鬼火、见不得人的事？你现在要好好想想，一是老老实实地把你的组织情况、把你的同伙、把你办报纸的情况说清楚，人非圣贤，孰能无过？！有错就改，迷途知返！也是年轻人应该有的勇气。二是你不跟我们配合，你不交代问题！当然不知道最后是你的嘴硬，还是皮鞭拷打厉害！牢狱之苦、砍头枪毙，我想恐怕不是你愿走的路。"在陆坚如的一再劝说之下，盛超群回答说："现在社会都像个什么样子？贪官污吏、坑蒙拐骗、当官的鱼肉百姓，你们不去打击，反来整我们坚持正义的，这个国家像你们这样搞下去是要垮台的。"

面对盛超群如此地不配合，陆坚如再也无法忍受。他对盛超群动起了酷刑！特务要求盛超群招出地下党组织的同伙，要他招出办刊物、报纸的合伙人，特务逼问他："是不是云阳、万县地下党的书记？"在刑罚面前，盛超群被整得痛苦万分，强压着心中的怒火，仔细听敌人的追问。当他从特务的吼叫声中知道特务把他当成云阳、万县地下党负责人的时候，当他被一再逼问交出地下党同伙的时候，他突然大声吼道："不要整了，我交就是了！"

陆坚如立即制止特务动刑，将盛超群扶起来坐到板凳上，并且叫人端来水、送上毛巾，为他整理衣服、让他喝水、给他擦汗……

陆坚如说："我早就说过了，不要嘴硬，何必非要受这皮肉之苦呢！快说吧……"

盛超群摆着手，示意要喝水，特务赶紧将水杯递上。盛超群一口气将水全部灌下肚，长长地吸了一口气后，对特务说道："我说，我说，你们听好了，你们赶快记……"

陆坚如迅速招呼特务找来笔和纸，围着盛超群听他慢慢地招供，盛超群一个一个地讲出了云阳县"党组织"的情况和具体的人员。

盛超群承认自己是云阳县的总负责人，与他直接经常联系的有十几个人！特务一字、一字地将盛超群供出的人员名单记录下来，如获至宝地拿着这份名单立即向他们的顶头上司二处处长徐远举报告：盛超群供出了云阳县"地下党组织"的全部情况并且供出了他直接领导的十几个人！

徐远举大喜过望！立即命令二处副处长带领行动组即赴云阳抓人，国民党万县地区的专员还配合行辕二处派出两个保安中队予以协助。

整个进出云阳县城的主要通道和县城的上下街道全被封锁。二处的特务根据盛超群所提供的名单，在县教育局，在警署，在乡公所、县联防处、县参议会，在国民党县党部等地方，将那些秘密隐藏的"共党分子"一一逮捕归案。

小小的云阳县城一时间杀气腾腾，人人惊恐万分！县城里破获了"共党"的重要机关，"共党要犯"在云阳落网的消息不胫而走，一时间县城内四处挤满了形形色色、各个不同阶层的人群。当二处将那些隐藏在县里各个部门的

"共党要犯"——逮捕归案、押上刑车的时候，观望的人群是一个个目瞪口呆，没有一个敢大声出气的。当刑车呼啸而出县城的时候，云阳县就像一口滚开的油锅，沸腾了起来……

当行辕二处在云阳县抓人的时候，徐远举在重庆迅速组织了几个小组，准备分别对抓捕的十几个共产党要犯进行突击审讯！他非常地踌躇满志，得意地盘算如何从云阳打开缺口而顺藤摸瓜，侦破重庆地下党的《挺进报》案件，仔细地策划如何迅速将战果扩大……

从云阳押来的一批"共党分子"到达重庆后，立即被关进了看守所，徐远举下令单个审讯！

那些惊恐万分的"人犯"经过长途的舟车劳顿后，立即被一个个地单独审讯，面对一连串的提问，实在是丈二和尚摸不到头脑！"交出地下党组织！""交出同伙！""上线和下线是谁？"等等问题，把这些人弄得是晕头转向！

这些"共党分子"的不识抬举，惹怒了审讯的特务，各种刑罚施加于身，弄得这些"人犯"是鬼哭狼嚎！一个被盛超群供出的乡公所的乡长在刑罚面前招供自己的党组织上级是县党部、自己的上级是县长、全县的乡长都是自己的同伙！

对县警察局长的审讯更是闹得乌烟瘴气！

这位局长掀翻了特务的桌子，还抓住提问的特务一顿暴打！他大闹审讯室，破口大骂二处是吃饱了没事干！是脑壳有病！面对特务要他交代与盛超群的关系和组织活动情况，这位局长更是火冒三丈、气不打一处来！他说："我跟谁是同党也不能够跟那个臭小子是同党！他是个什么东西，老子一直恨不得把他碎尸万段！"审讯的特务发现越说越不对劲，做记录的特务站起来大声问道："你说，你到底是什么党？"这位局长暴跳如雷地吼道："老子告诉你，我是民国二十四年的党员！你记清楚没有！"警察局长一脚把审讯室的门踢开，他对着特务大声嚷道："去，把你们的上级给我叫来，老子要亲自问问他，抓捕不到共产党，搞不到地下党的组织，就把我们这些警察局长、教育局长、乡长、书记抓来凑数吗？"

十几个审讯组的情况都是大同小异，每个审讯室越审越糊涂，每个审讯组越审越乱七八糟！在每个审讯组里被审讯的人越来越强横，审讯的人越来越胆战心惊。审讯室里面出现了被审讯者变为审讯者，审讯者变成被审讯者的错位局面。那些国民党的老党员、老资格，与省里、与重庆市方方面面的关系一一的交代，使徐远举这次精心策划的审讯无法再继续下去。一个个被审讯者公开叫板、公开指责特务无能、公开破口大骂，使审讯不得不草草收场。

审讯室里面的情况被迅速地报告到徐远举的办公室。而这时的徐远举正在办公室抽着香烟、喝着清茶，耐心地等待着各个审讯室的报告。徐远举心里想着无论如何都要打开缺口，从这里找到重庆地下党《挺进报》的线索。他在办公室慢慢地踱步，不停地向空中吐着一个又一个烟圈，那种心中的狂喜使他压抑不住在嘴角边露出了一丝笑意。

突然他听见门口有声音，似乎感觉门外有许多人。徐远举弄不清楚是怎么回事，慢慢走到门边，将门轻轻打开，发现门口站的是各个审讯组的负责人。令徐远举吃惊的是，并不见他们有任何欣喜、有任何胜利、有任何按捺不住冲动的表情，只见他们一个个耷拉着头，一脸沮丧的表情。徐远举手中拿着烟一动不动、两只眼睛死死地盯着门口的这一群人，突然他反应过来，连声说："进来、进来，跟我说审讯得怎么样，他们招了没有？"各个审讯组的人被徐远举一个个请进来，呆若木鸡地站着一动不动，无论徐远举怎么问话，他们都低着头一言不发！沉不住气的徐远举挥着双手，大声叫嚷："到底是怎么回事，快给我说！"

侦防科科长陆坚如深深地吸了一口气，走上前去对徐远举说："处长，搞错了、搞砸了！"

徐远举立即追问："什么错了？什么搞砸了？"

陆坚如继续说道："处长，我们被盛超群耍了。他所供出的这些人不是云阳共党组织，而是县里面警察局的局长、教育局的科长和乡公所的所长、县联防处、县参议会。他们都是我们党的人员，而且他们都有关系在省党部、市警察局，我们这次搞砸了，麻烦惹大了！"

徐远举听了这些后脑子"嗡"的一声像要炸了一样，一下子瘫坐在沙发

盛腾芳

凳上，目光笔直地看着墙上挂着的蒋中正标准像。他不停地喘着大气、双手发抖，吓得站在一边的审讯组人员不停喊"处座、处座……"突然徐远举猛地一下站起来，叫喊着："立即把盛超群带到我这里来，给我往死里整！"

陆坚如立即劝说徐远举："处座先别管盛超群了，还是先想想这十几个人该怎么办？"

"抓人容易，放人难呀！"徐远举可从来没有遇到过这样棘手的案件。他不得不问他的下属："你们说怎么办？你们说该怎么办？"下面的人无言以对。

徐远举非常幼稚地说道："又把他们都送回去？"

这时陆坚如说："处座，这批人恐怕都不是省油的灯，把他们就这样又放回去，他们可能不会善罢甘休的。不如我们请些人来当和事佬，该破费的就破费点，大事化小、小事化了算了！"

于是以行辕二处的名义请来了重庆市警察局侦防处处长、国民参议会的几个参议员，还有市教育局的一些官员，在皇后餐厅摆上了几桌酒席，向这十几个被误抓的云阳县国民党官员一一赔罪、道歉。虽然酒席宴上，这些来自县里面的官员还是那样心中愤愤不平，但是碍于各方的关系和徐远举的特工手段，他们也就只好就此罢休了。

一向被称为办案神速、果断、有力的徐远举怎么也没有想到自己会在办案问题上栽这样大一个跟斗。这件事情甚至成为那些对徐远举不满的对手攻击他的一个把柄！连他的上级也不免为此对他进行了重责！恼羞成怒的徐远举将云阳这十几个他称之为"瘟神"的人送走后，立即下令整治盛超群！

在审讯室里，特务对盛超群滥施酷刑，整得盛超群皮开肉绽！而盛超群强忍痛苦，嘲笑特务说："你们不问青红皂白，不把事实搞清楚，就搞刑讯逼供，不出错才怪！我真是可怜你们这些糊涂虫，不学无术，像这样下去国民党真是要被你们搞垮！"

特务将盛超群戴上重镣投放进渣滓洞看守所，狱中同志对他戏弄特务的斗争技巧给予了极大崇敬，对他生活上也给予了极大的帮助。后来，他的堂兄、地下党员盛腾芳和万县地下党书记雷震也被捕入狱，盛超群与他们一起积极参加狱中绝食斗争和铁窗诗社的活动。

1949年重庆解放前夕，盛超群被徐远举列入必须首先处决的政治犯。1949年11月14日，盛超群与江竹筠、李青林、杨虞裳等30多位难友被押出了渣滓洞看守所，在电台岚垭刑场被秘密杀害，殉难时年仅30岁。

盛超群是一个极富正义感、关心社会时事、关注民生，敢于向腐败黑恶势力做斗争的勇士，从一个学生，追求进步到延安，在延安学习后又返回自己的家乡为开展抗日宣传、为社会的进步而用笔进行战斗。他接受地下党组织的建议，参加国民党"党网"工作。保持"灰皮红心"，为进步势力的发展壮大、为地下党工作的开展作出了贡献。他同情社会下层、关注民情民生，疾恶如仇、敢于挑战反动权贵。他利用参议员的合法身份开展"社会志愿者"工作。他是一个革命的志愿者，用自己特殊的、短暂的一生书写了红岩的光辉。

红岩是一段历史，记录下了每一个人物的思想、言行和作为，从中我们感悟到凝聚在其中的一种精神。这种精神是社会进步发展不可缺少的一种动力、一种支撑。盛超群在他短暂的一生中所表现出的社会责任、社会良知和社会道义，是我们今天最值得去传播、弘扬和光大的！

★阅读思考：

1. "宁关不屈、视死如归、大义凛然、前赴后继"是对革命烈士革命精神的高度概括，面对困难、面对压力，我们应该保持怎样的精神状态？

2.敢于斗争、积极斗争、决不放弃任何斗争的机会,这是革命烈士在狱中的生存斗争策略。在我们一生的奋斗历程中该怎样做到认识自己、战胜自己、超越自己?

韦德福：
挖穿地牢，誓死要冲出黑牢

小说《红岩》描写了许云峰为战友越狱挖地牢的情节，他把越狱逃走的机会留给同志，而他自己向屠杀他的刽子手大声说："死亡，对于一个革命者，是多么无用的威胁。人生自古谁无死？一个人的生命和无产阶级永葆青春的革命事业联系在一起，那是无上的光荣！"

不论是小说《红岩》还是电影《烈火中永生》，这个情节感人至深之处在于一个敢于斗争、不怕牺牲的共产党员的形象是那么地高大！

然而，小说《红岩》的这个情节却取自于一个真实的故事，一个真实的挖地牢越狱的人物——韦德福。

他是一个为摆脱生活贫困而当兵的农家子弟，由于工作勤奋成为一个国民党的"优秀"宪兵，后来却又成了"团体"的违纪分子，最终成长为献身革命的热血青年、一个英灵榜上只有一朵小白花祭奠的先烈。他的不屈的斗争历史，却与《红岩》小说人物许云峰这个家喻户晓的名字紧紧地联系在一起！

多少年来，在全国各地到重庆渣滓洞、白公馆两个国民党军统集中营监狱旧址来参观的游客中，有很多人一到旧址现场，就会急不可待地向工作人员打听：关押许云峰的地牢在哪里？他们受小说《红岩》和电影《烈火中永生》所描述的有关许云峰被关押在地洞、挖穿地牢等情节的影响，深信文艺作品中的描述是真实的。当然，他们是找不到像电影中的那个又长又深的地牢，但是能够看见一个半地下室！那是白公馆的前身"香山别墅"的一个地下储藏室，而且也确实有一个叫韦德福的烈士从这里挖地牢逃跑出去！

　　1948年7月2日，清晨，白公馆看守像往常一样一个一个牢房地开始查房，当查到地牢的时候，突然觉得不对劲：怎么地牢里面有光？看守急忙走到门口一看，大惊失色，原来光线是从靠右墙的地下一个洞口透进来的！他立即打开牢门进去一看，关押的人犯韦德福不见了，不由得大声地叫喊了起来："不好了，韦德福越狱逃跑了！"他这一叫，白公馆顿时像炸了锅一样，武装的卫兵、看守长像被弹簧弹起来一样，呼呼地就跑到了地牢里面。看守长进来一看，地牢底部被挖了一个洞，人犯一定是从这里出去的。他把枪一挥，对看守卫兵说："到外边去看看！"一群人到白公馆的外边一看，地上全是血。看守长抬起头向上看，这少说也有3米高，跳出来不摔个半死也得残废！

　　一个看守突然大声说道："看守长你看！"顺着看守指的方向，监狱外凹凸不平的山路和草丛中有非常明显的血迹，看守长一看，哼了一声说："他跑不远！"他指挥警卫加强警戒，自己带领几个看守、卫兵循着血迹追去白公馆的山下。

白公馆地牢

越狱逃跑的这个韦德福是一个什么样的人呢？他就是小说《红岩》、电影《烈火中永生》中挖地牢的原型人物。

歌乐山烈士陵园A类档案中关于韦德福是这样记载的：

重庆万州人，社会大学经济系，出身贫苦。小学毕业后因生活所迫加入国民党军队。为谋求出路考取宪兵特高组搞"邮检"工作，有机会阅读了大量的《新华日报》和进步人士的信件，受到革命思想的启发教育。后在一名进步记者的帮助下考入重庆社会大学政治经济系，积极参加抗议美军暴行活动。

在旧中国，许多青年追求光明，励志要为国家民族的发展而奋斗。但在选择的道路上却异常坎坷，在比较中作出选择后义无反顾、自觉地接受共产主义信仰，并敢于为之奋斗，乃至用生命去实现对理想的追求。韦德福就是这样的一个典型青年。

1987年，我开始做红岩历史人物研究。我的老师、重庆党史办原副主任胡康民和原市委宣传部副部长张富积向我讲述了韦德福的一些情况：韦德福出生在一个农民家庭。小学毕业时，父亲因为还不起欠下的药费，病死在床上！母亲在哭泣中要求儿子不要一辈子像父亲那样脸朝黄土背朝天，希望他出去闯荡，改变家庭贫困的状况！

带着出人头地的想法，韦德福离开农村到了万县城，报考了国民党宪兵学校的培训班。穿上职业装后韦德福还照了一张标准像寄给母亲。他告诉母亲："我是通过考试当上宪兵的。我会珍惜时间努力工作的。我会挣钱来养活你的。我要让你活得很好……"

但这并没有改变他家里贫困的现状。

在宪兵培训班，由于韦德福的积极努力，他被发展为军统外围成员，学校结业后，被分配在特高组做"邮检"工作。"邮检"是国民党政权监视、控制民众和社会团体思想和活动的一种特务手段。

大量进步的刊物、书籍在邮检中出现，出于对知识的渴望和追求，韦德

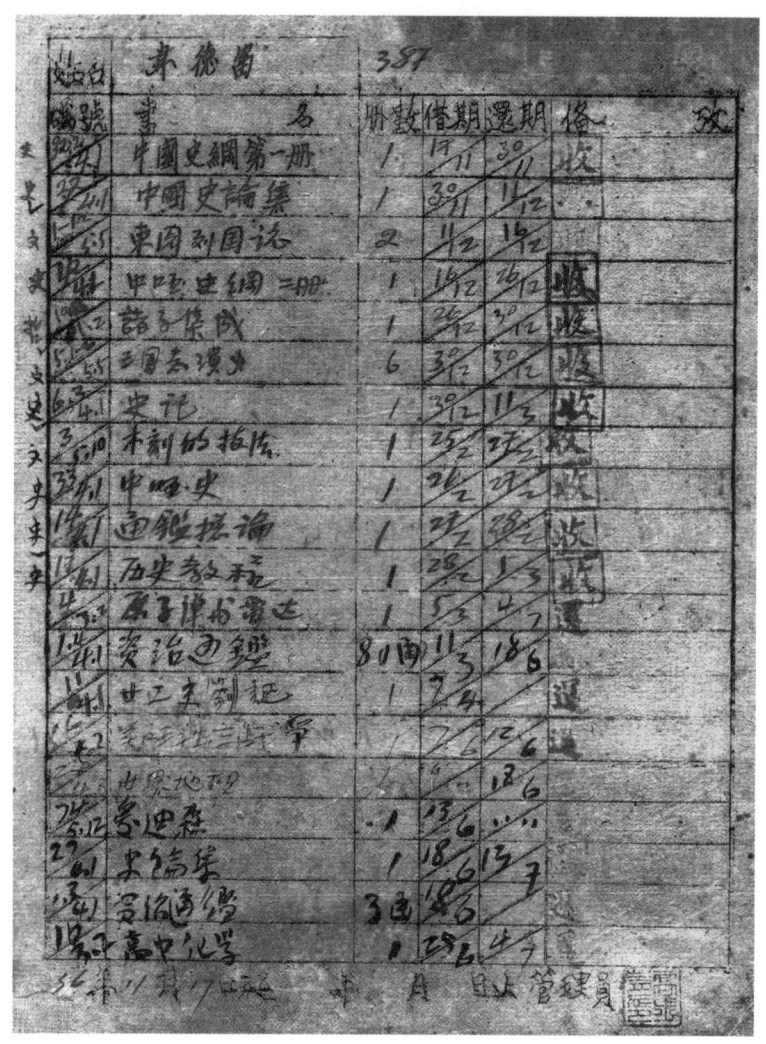

韦德福的借书卡

福将许多书籍、刊物带回家悄悄地阅读，从中所接触到的进步思想、主张和理论，在他朴实的心灵深处掀起了巨大波澜。

他开始对共产党产生浓厚的兴趣，同时对这份"正式"工作的性质产生了怀疑。

胡康民、张富积告诉我说：他曾奉命去监视一位进步记者，却被记者察觉。这位记者是《新华日报》的。他发现跟踪他的这位青年很年轻，没有特工活动的经验。记者就主动接近他，感觉他很纯朴。所以，记者就反过来做他的工作。"你跟踪我发现有什么问题吗？我采访了解社会情况、了解他们的状况、反映老百姓的呼声，这不都是正常的事情吗！"韦德福感觉他所跟踪的人很有文化，说话也很在理。记者给他讲了许多为人做事的道理，从社会学角度给他讲述社会发展的轨迹，分析社会制度，为什么文明、落后的差别，以及人与人、人与社会、人与自然的关系和人生该怎样去追求，人应该怎么活着，帮助他从思想上树立正义感。记者问他："你为什么不去读书？""家里穷，没有钱"，韦德福回答说。当记者表示愿意介绍他去社会大学读书时，韦德福表现出极大的兴趣。

就这样，奉命监视记者的韦德福把自己的监视对象敬奉为自己人生的老师。在老师的启发下，对社会现状的思考，让韦德福在自己的心中逐步建立起了正义感，革命道理对他产生了强烈的吸引力。他下定决心要去干革命。

他从记者那里知道了延安，由此心中渴望去延安的冲动使他彻夜难眠。但是，老师却希望他一定要去读书，要提高自己的文化水平。这样才能够有本事去服务社会，服务大众。在一时无法解决交通问题的情况下，记者帮助他进入了陶行知先生办的社会大学政治经济系听课。由此，他自动脱离了特务组织。

1946年1月，陶行知在重庆创办社会大学，主张知行合一，强调"知识、技术、组织、人格教育四者并重"，宣扬"明明德"，即"社会大学之道，就在于造福人民大众"。这所由中共中央南方局青年组直接领导、社会进步人士大力赞助支持的社会大学，将韦德福带入了一个新天地。

在社会大学期间，韦德福勤奋好学。在地下党领导的进步学生组织中，他积极参加读书活动，参加各种讲座，阅读邓初民的《政治问题》讲义、毛泽东的《论联合政府》、巴金的《家》、艾芜的《故乡》以及《新华日报》。他参加时事形势的研讨，思想得到极大的提高，逐步树立起无产阶级人生观和世界观，决心追随共产党干革命工作，渴望着有机会去延安。

1946年12月24日，在北京发生美军强奸北大女生沈崇事件。1947年2月，重庆社会大学参加各学校组织的抗议美军暴行游行，韦德福一马当先，举着大旗走在队伍的最前列。在游行队伍周围监视的特务，发现走在前面的这个举大旗的人，不正是被通缉的违纪逃跑人员韦德福吗？

第二天，韦德福即以"军统违纪分子"罪名被逮捕！

在白公馆看守所审讯中，韦德福拒不承认爱国有罪，并斥骂特务是帝国主义的帮凶。他义正词严地申明：学生爱国无罪！在牢房里，他向难友们介绍了狱外的情况，并在牢房里大声抗议国民党特务的暴行，强烈要求释放他出去！他公开在牢房里大声疾呼："青年人就是应该追求革命，追求真理！革命青年应该奔向延安！"

韦德福在牢里的表现使得特务们万分恼怒，认为他"态度死硬、拒不认错，思想狂妄、行动危险、精神不正常"。特务将他钉上重镣投放进地牢！

地牢里，即使在白天也是暗如黑夜，阴冷潮湿，老鼠横行。被关进地牢里的韦德福怒不可遏，用脚镣、手铐拼命地击打牢门，碰撞墙壁。他抗议特务对他施行的非人待遇，用那嘶哑的声音喊出要自由、要革命的呼声！他的手，被手铐磨出了鲜血；他的脚，被铁镣卡烂了皮肤。地牢的生活，更加激起韦德福向往自由的决心。

一次偶然的机会，他通过老鼠洞发现地牢的墙是用石块垒成的，于是他顺着石块之间的缝隙形成的老鼠洞向外抠，抠得十指血肉溃烂。凭着惊人的毅力，他终于抠松动了一块墙根的石头。当一束亮光投进地牢时，韦德福欣喜若狂，但他又迅速地用泥土将光缝遮住，开始了越狱策划。他企盼着逃出地牢，奔赴向往已久的延安。

当一个人有了明确目标的时候，他会义无反顾地、勇敢地去追求，哪怕是死也在所不惜。正所谓：朝闻道，夕死可矣。

在一个阴云蔽月的漆黑夜晚，韦德福挖取出那块已经抠松动了的石头，一个洞口出现了！然后他把双脚从洞口伸出，身体慢慢地往外挤出去！他的身体全部被洞口的石头划得鲜血淋漓，但他仍然坚持一点儿一点儿地往外移！但当身体大部分都伸出洞口时，双脚仍不能接触到地面。

原来，白公馆建在山坡上，下面有很高的陡坡，地牢所处的位置外面是一条从山顶贯通而下的山沟，洞口离沟坎地面还有两三人高的距离。

韦德福当时虽然不知道洞口离地面还有多高,但他已顾不了那么多了,宁肯摔死也不愿重新回到那个没有自由的活棺材里。他心一横,鼓足勇气,双手一松,整个身体连同脚镣、手铐摔在沟坎杂石满布的地面上,发出沉闷的响声。瞬时,钻心的刺痛由腿部直达脑际,他使劲咬紧嘴唇,屏住了气息,努力使自己不哼出声来。他想站起来,却发现两脚已经不听使唤,用不上劲儿了,原来他的双腿都已经摔断了。为了忍住剧烈的疼痛,他将嘴唇都咬出血来。喘息稍定,韦德福朝着有一丝光亮的磁器口方向,用双手向前爬去,鲜血染红了他爬过的野草丛。最后,他实在无力再爬行,晕倒在步云桥的草丛中。

白公馆特务在天亮前查房时,发现地牢已人去屋空。看守长带领看守、警卫,带着狼犬的搜捕队,顺着韦德福留下的血迹将韦德福抓住!

已晕过去的韦德福被抓回白公馆的时候,遭到了残暴的殴打!难友们只是听见韦德福不停地叫喊着:"我要出去,我要去延安!打不死我,我还要跑……"

难友看到这时的韦德福,浑身血肉模糊,衣裤被磨成了碎条,脸上沾满了血污、泥土,特务们在一旁咆哮着,不停踢打,而韦德福犟起他那不屈的头,死死地瞪着双眼,大喊着要出去……他仍然想继续爬出去,宁死也要到他向往的延安去。

当韦德福发现自己生命意义所在时,他义无反顾地勇敢顽强追求!

人生的意义在于不断地挑战和突破自我。在濒临绝境、困顿逆境中,他十指挖穿地牢去追求信仰,追求真理,用生命创造了奇迹,展现革命者敢于牺牲的无畏精神。

韦德福,至死也不放弃他所认定的目标。他为自己追求的目标牺牲了自己的生命。他的惊人毅力和敢于挑战生命极限的事迹,为小说《红岩》的创作提供了坚实的历史史实。

1948年7月29日,保密局下达命令:秘密处决韦德福。

红岩史料中记录:学习强,毅力大,在白公馆是最优秀人物。

历史档案中记载:韦德福,临死十分镇定。

在今天歌乐山烈士陵园的展览中，我们可以看到这位勇敢青年的事迹，但是却没有他的照片，画框中只有一朵小白花。

★阅读思考：

1. 怎样理解陶行知提出的"大学之道，在明明德，在亲民，在止于人民之幸福"。
2. 陶行知提出："教学做合一"，"做"是核心，那么什么是"做"呢？
3. 社会调查、社会实践的意义是什么？

邓致久：
敢于牺牲，舍身保全组织

生命的存在，死亡的出现，是客观存在的自然规律。

试图追求生命个体的永恒，在人类历史发展的过程中是没有成功的记录的。

生是物质运动的必然，死也是一种必然。在死亡这个问题上，有的人不考虑它，也就不存在恐惧，该干什么就干什么，该死的时候就死。

有的人害怕它，尽量地回避，很小心地过生活，保护自己，但最后也躲不了死亡的来临。

邓致久

有的人把死看成是自己的终极，故十分看重生的作为和生活的质量，当死亡来时也无悔。还有的人，对死却是有准备的，或者是主动的。

1949年11月14日，被杀害在歌乐山电台岚垭刑场的邓致久，就是主动走向死亡，用自己一条命保全了同志和家人的安全。

他，不怕牺牲，关键时刻挺身而出。

他，敢于牺牲，体现了共产党人的政治本色。

他，舍生取义，坚信理想信念必能实现。

邓致久烈士（1908—1949），四川广安人。广安县立中学毕业后，1927年考入上海中国公学大学部文史系。1928年在该校参加中国共产党，一边读书一边参加学运。当时，中国公学的革命活动很活跃，学校有党的组织、团的组织，群众团体有反帝同盟等组织。邓致久还具体负责参加上海吴淞区委的工作，领导学生支持工人运动和参加校外的革命活动。1930年，中国公学学生参加纪念"二七"大罢工运动。邓致久和几名进步同学上街散发传单和张贴标语，遭到英国巡捕的镇压，被反动军警抓进监狱。他矢口否认自己是共产党员，关押十多天后，经组织和同学营救被释放。

邓致久妻子唐克珍记述："……1930年夏因祖父辞世家庭经济无力供给学费被迫辍读，凝将返川，适党内同志见其工作努力，不允轻去，挽留再三，并领代付学费，奈因慈母重病，家人催归甚急，先夫终因母子情重而归来……"

回家乡的他，被聘为广安县立女子中学国文教员。后与在校的唐克珍"相互了解三载而后与之结婚"，养育子女六人。

1938年10月，川康特委建立广（安）岳（池）联合县委，邓致久负责广安县中支部所属东城小学支部的组织工作。1939年，邓致久又担任观阁场支部负责人。后因为上级领导的变动，他曾经失去了组织关系。此间，妻子回忆说："谋生于成渝各地，惟均系粉笔生涯"。

暂时失去组织关系的他，曾经向同志多次表示："一息尚存，革命不止"。他利用考上合川粮食管理局的雇员身份，坚持找党和谨慎地进行革命活动。

1941年夏天，他又回到观阁镇，抱着"深入内部伺机活动"的想法，"钻进了牛魔王的肚子"，当上了合川县观阁镇长。

抗战胜利后，他利用召开县参议会之机，对选举乡镇长是采用圈选还是民选的问题，联合进步人士一起据理力争，否定了竞选必须经过国民党县党部审查圈定的议案。全县竞选乡镇长的结果：地下党员和进步人士当选不少，小学校长也有不少是由地下党员或进步人士担任，直接或间接地控制了一部分地方政权。

1946年冬，经共产党员谈剑啸恢复了党的组织关系。邓致久以观阁镇长、县参议员等社会身份为掩护，着重负责上层人士的统战工作。

1946年6月26日，国民党不顾全国人民的强烈反对，对解放区掀起了大规模进攻，全面内战爆发。1947年3月8日，中共中央发出指示："在蒋管区发动与组织农民群众武装斗争的条件与时间是完全具有的""应根据党的方针与过去的经验，订出本年内组织与发动农民武装斗争的计划，并督促其实施"。

1947年夏秋，中国人民解放军由战略防御转入战略进攻，国民党加紧对国统区人民进行疯狂血腥的剥削镇压。解放军发布宣言，号召"全国各界同胞，在本军到达之处，同我们积极合作，肃清反动势力，建立民主秩序。在本军未到之处，则自动拿起武器，发动游击战争"。

为统一领导川东党组织，1947年10月，中共中央上海局决定在重庆成立中共川东临时工作委员会（以下简称"川东临委"）。

1947年，随着人民解放战争的胜利发展，国民党统治区爆发了空前严重的经济危机，国民政府于同年2月发布了《经济紧急措施方案》，宣布冻结生活指数，从而激起了广大人民的不满，反对国民党统治的斗争日益高涨。从5月下旬到6月中旬，"反饥饿，反内战、反迫害"的口号声，响遍了武汉、西安、长沙、重庆、成都、福州等国民党统治区的60多个大、中城市。国民党统治区城市里几乎所有的大学生和大部分中学生都参加了这场轰轰烈烈的斗争，人数高达60万。

邓照明（右一）、肖泽宽（左一）

饥民饿殍，抢兑货币，物价飞涨，南京国民政府发动的"反共"内战，使得其军事开支日益庞大。为增加政府财政收入，国民政府大量发行法币，随之而来的是恶性通货膨胀日益严重，法币面临崩溃的境地。为稳定物价，1948年8月19日，政府决定发行金圆券代替法币流通，同时发布"八一九"限价令。这一币值改革，直接导致大量工厂倒闭。

川东临委书记王璞

1947年11月，在川东临委的直接领导下，川东临委委员、下川东地工委副书记彭咏梧、川东临委上川东第一工委书记邓照明，先后在下川东地区发动两次武装起义。在起义遭到镇压和地下党机关报《挺进报》被破坏，尤其是党内出现了叛徒的情况下，川东临委书记王璞决定在上川东的华蓥山地区发动武装起义。

为了发动武装起义，邓致久积极进行武装起义的准备工作，发展郑修迪、曾海清等人入党，并负责接送安置上级党组织派往华蓥山区从事地下工作的曾霖等十多位同志，为党提供活动经费，组织发动群众。

1948年初，陈伯纯同志从合川转移来观阁镇，以小学教员为掩护，担任观阁特支书记，邓致久等同志为委员。为了准备武装起义，邓致久不惜将历年积蓄，甚至部分田产和两间街房卖掉，用来购买枪支弹药和供给来往人员的生活费用。

1948年8月，华蓥山武装起义时，邓致久任西南民主联军川东纵队第五支队第二总队总队长。在制订了"智取镇公所提缴敌人枪支"的计划后，他带领游击队攻打观阁镇公所。但是，被争取过来的伪乡长金有亮突然又反水变节，没有按照事先约定的时间鸣枪为号。原来，口蜜腹剑的伪乡长金有亮，同游击队达成秘密协议是假，与省保安队暗中取得联系，妄图以此圈套来消灭游击队是真。

面对突发情况，邓致久果断决定：迅速撤出。

攻打观阁镇公所失利后，为了保存实力，按组织决定，邓致久等率领小股游击队员上华蓥山整编。由于失去与其他起义队伍的联系，他带领游击队员继续坚持斗争，昼伏夜行，与围追堵截的敌人周旋，出其不意地打击敌人，坚持三月之久。

观阁暴动后，国民党对华蓥山地区展开"清乡"，邓致久被敌人列为重点抓捕对象，但却始终抓不到他。

国民党特务把邓致久的妻子唐克珍和孩子抓起来，并且利用她当县长的父亲唐瀚如规劝：一定要把自己的丈夫找回来去自首。

父亲告诉女儿：只要缴枪自首，政府一定会既往不咎的。

国民党特务用枪逼着唐克珍带着孩子，要她们去找回自己的丈夫和父亲。

被逼无奈的妻子和孩子，在山区路上不断地高喊："老邓，你下山回家吧！""爸爸、爸爸，我们想你啦，你赶快回来吧！"

妻子被特务逼得失声哭喊着："你不出来，我们要死全家人啊……"

妻子、子女的哭喊声，在空旷的山中阵阵回响。

邓致久听得撕心裂肺、肝肠俱裂！

"一人做事一人担"，决不让敌人糟蹋亲人的情感。

他要求所有人员单独分头转移，去绝对安全的地方避风头。并且规定：绝对不要回家。

游击队特支经济股长黎功顺执意要陪邓致久下山。

"你为什么要带着孩子，遍山遍野地喊我们？"邓致久责问妻子。

"不是我要这么做。是他们用枪逼着我们要把你喊回来，不然就把我们拉到重庆去关起，还要把所有的孩子斩草除根。老邓，父亲在城里给你做好了工作，只要你去坦白自首，政府就既往不咎，这样我们一家人就可以在一起了……"

"好，我自己的事情绝不连累你们，我自己去自首。"邓致久说。

他对帮助照顾自己妻子、子女的游击队员许素槐说："你放心，我决不泄露党的秘密，也绝对不会牵涉其他人。你们积极工作，永别，永别。"

去合川警察局缴枪自首的邓致久，并没有得到"既往不咎"。国民党特务

华蓥山武装起义旧址

威逼他把山上人员姓名、家庭住址全部讲出来、写出来。邓致久只有这样一句话回答特务："此事因我而起，也因我而终。"无论特务怎样咄咄逼人地讯问、无论特务怎样严刑拷打，都没有得到一句口供。

当年参加游击队的何正富在重庆解放后回忆说："邓致久被敌人抓后，未出卖组织和暴露同志。如果出卖了的话，观阁地下党的冉英长、郑修迪和我等二十多人是脱不了毒手的。邓致久不但未出卖我们，而且还保护了我们这些幸存者。"

当年的游击队支委胡正兴在重庆解放后回忆说："在1949年6、7月间国民党'清剿'观阁镇之前，即在邓被送到重庆关押后的半年时间内，这一带没有发生过有人被捕杀的情况。"

游击队员向杰栋回忆说："……在攻打观阁镇之后，游击队为了避免被敌人发现，连夜向桂花场方向进发，准备与代市起义的队伍会师，八月十六日晨到达丁家山，与大竹专署保警大队打了仗，打死伪保警大队一人，伤数人，缴获步枪七支，敌人狼狈逃窜。不幸的是游击队主要负责人杨玉枢、刘隆华与部队失去了联系，因而与代市起义队伍的联络中断，而敌人又逐渐逼近，妄图一举消灭我游击队。在这紧急情况下，由总队长陈尧楷、邓致久、大队长王兆南和我等研究决定对游击队进行整编，将没暴露的游击队员动员回家，坚持斗争。剩下四十多名游击队由陈尧楷和我带领转移到大竹县张家场一带活动，邓致久、王兆南等十余人则在观阁、广兴山上坚持斗争。当我带领游击队返回广安活动时，据王兆南等人讲，邓致久、黎功顺被广安县特委会诱捕送至重庆渣滓洞。邓、黎被捕后没有出卖组织和同志。"

在追认邓致久为革命烈士的审查报告中写道：……邓致久被押到广安县府后，没有向敌人暴露当时仍在山上和当地坚持斗争的向杰栋、陈尧楷、唐荣敬、何正富同志，以及他们发展的地下党员等。

在重庆渣滓洞看守所，邓致久不多说话，很镇静。他非常清楚等待自己的结局是什么。他早就做好了准备，"一人做事一人担，绝不影响他人"。

1949年11月14日，邓致久与江竹筠等32人被杀害于重庆歌乐山电台岚垭刑场。

用"舍得"换"获得"。华蓥山武装起义的烈士并非不食人间烟火。他们有情有义、有血有肉，但其最大的爱是爱人民，最根本的追求是实现人民幸福。他们拥有无私奉献的高尚情怀，以对党绝对忠诚之心，为革命事业流尽最后一滴血。

妻子唐克珍于1950年撰文作诗纪念丈夫：

……

溯维烈士生前急公尚义，沉毅寡言。虽曾为伪乡镇长参议与级支员等职，但赋性耿介，不苟取予，兼以交游颇广，急人之急，平昔毫无积蓄，今则家境萧条。自其被捕之后，家人生活惟赖借贷典当及珍之母家时相接济以度日，中尚寓一线之望庶我先夫早日生还。胡为苍天不怜，情缘永绝，烈士竟于解放之前惨殉矣。珍犹忆其从容就捕最后一别，慷慨激昂而谓珍曰，我今恐不能与卿其耐心代我扶养，感且不亏党中组织誓死决不暴露也。呜呼壮哉，呜呼伤哉，曾几何时景象全非，犹在耳，人完成仁，悲恸之余爰撰俚句聊当一哭。

冬夜不寐感伤哭烈士

愁伤婉转泪凄然，伤心怕读柏舟篇，
壮士初酬身已死，忍教妻儿化啼鹃，

山村月照凄凉色，舞夜呜呜断肠声，
朔风悲号缘何事，遮莫芝我哭忠贞。

公元一九五〇年一月十三日
唐克珍敬挽

华蓥山起义的历史，是中国共产党人争取民族独立与解放的重要一页，是一首共产党人为实现共产主义崇高理想而英勇献身的壮烈史诗，体现出敢于斗争、不怕牺牲的伟大建党精神。这幅气势恢宏、雄伟壮阔的历史画卷，在这场风雨如磐、艰苦卓绝的革命斗争中所凝结成的革命精神，是中国革命精神的重要组成部分，必将永远激励着一代又一代共产党人不忘初心、牢记使命、接续奋斗、砥砺前行。

★阅读思考：

1. "革命理想高于天"，我们今天如何发扬敢于牺牲、不怕牺牲的精神，高擎起忠诚担当的精神火炬？
2. 坚定的理想信念是共产党人经受住任何考验的精神支柱。怎样理解虔诚而执着、至信而深厚的理想信念？

刘国铉：
不怕牺牲，党的荣誉至高无上

放弃任何东西都可以重新再来，唯有生命不可失而复得。追求理想、信仰往往只有付出，没有回报，为此而献出自己的生命，这需要怎样的勇气和气魄？

在禁锢的世界里，铁窗黑牢锁住了他的身躯，凭着对信仰的无限忠诚，不怕牺牲，用自己的血肉之躯，谱写了一曲曲惊心动魄、荡气回肠的红色之歌。

在研究红岩烈士事迹的过程中，慢慢得到了答案：追求理想信仰是人生的意义，为理想信仰献身是人生的价值。千百年来，人们追求的是生命的意义，而人格不朽使人的生命有了积极的意义。

刘国铉烈士

理想信念是一个人的世界观、人生观、价值观的集中体现。理想信念是人生前进的支柱和灯塔。"决不玷污党的荣誉，死而无憾"，刘国铉用他年轻的生命展示了信仰的力量！

国歌的歌词唱的是"起来，不愿做奴隶的人们……"但许多牺牲在白公馆、渣滓洞看守所的革命烈士并不属于这种情况——他们出身于富有家庭，从小过着优越的生活。然而在人生道路的探索中，他们认同革命，自觉接受共产党的领导，走上了一条为劳苦大众求解放的道路，有人还为此献出了自己的生命。刘国铉烈士就是这样一个典型代表。

刘国鋕出生在四川泸州的一个封建地主家庭，家中办有瓷器厂，而且有银行的股份，一家人都在做生意。刘国鋕在家中排行最小，备受娇宠。在成都建国中学读高中时，当他见到有同学因交不起学费而被迫中途辍学，还有的同学需要带着干粮到学校读书，就产生了许多疑问：为什么同学不能够像自己这样不为学费、生活费发愁？为什么同学之间有如此大的反差？为了解答这些问题，他买书、读书，读了高尔基的作品，读了列昂节夫的《政治经济学》，也读了马克思的《资本论》。他要通过书籍去研究这种不公平的根源。

高中毕业后，他考入抗战时期最高学府西南联大叙永分校经济系。这时的刘国鋕已经不满足于完全从书本上获取知识，开始参加地下党在学校的进步读书会，与同学一起交流讨论读书心得，思想受到启发。他在党的直接教育培养下参加抗日救亡活动，懂得了"革命"二字的含义。

通过他写给亲人的一封信，可以看到他在思想上的变化：

五妹：

您过去的漫长岁月，都消磨在家里，而这个"家"，却是旧社会垂死的身躯上底一个烂疮。它具有旧社会几千年遗留下来的溃烂性毒质，又加以外面侵来的细菌，已经完全是一块脓血和腐肉。生活在脓血和腐肉里的人，自然不会健康（无论是精神还是身体）。

刘国鋕毕业照

在大学期间，他多次提交入党申请书，希望直接在党的教育培养下为革命工作。对刘国鋕这样一个出身豪门望族，家庭关系如此复杂的公子哥儿，党组织进行了长期的考察、培养和锻炼。

1940年，学校地下党组织批准刘国鋕入党。他一边读书，一边参加抗日救亡的学生活动。

刘国鋕对中国共产党的认识，不是激情冲动，不是迷信盲从，而是以其特有的独立思考精神，把对党的认识与对真理的信仰结合在一起。他在给侄子的信中写道：

现在的真理，还不是绝对的真理，就其本质上它还包含有错误，不过受着时代性的局限，人类还不能知道，它也不能显现。所以我们就是对真理，也应当采取批判的态度，学习它、发展它，逐渐发现其错误、克服其错误，使其达到更高的阶段，更接近绝对的真理。如果不采取批判的态度，宗教徒式的信仰，则真理的错误不会被发现、也不会被克服，终于成为非真理。宗教徒式的信仰，真理是不要求的。

对事物的信仰，尤其要取批判的态度。未经理智地批判而盲目地信仰，是感情的迷信。……必须是经过理性地批判而得到的信仰，才是坚定不移的信仰。

真理需要的是人的理解，而不是人的信仰；而真理的理解，自然会产生信仰的。

正是基于这种高度理性的认识，刘国鋕对党的热爱、信仰和追求与信仰真理紧密相连。他一旦选择为党的事业献身的道路，信仰就十分坚定，在任何情况下毫不动摇。

1944年，刘国鋕大学毕业。此时，日本帝国主义发动"一号作战"计划，妄图打掉重庆以摧毁国民政府的抗战意志。在此情况下，中共中央向在重庆的南方局发出要求，组织动员知识青年到农村去，一旦日本人打入重庆，可以在农村组织反抗日本侵略的游击队伍；如果日本人打不到重庆，也可以为地下组织发动民众，组建根据点。刘国鋕放弃家人为他安排到美国继续读书的机会，也放弃了到国民党资源委员会当研究员的机会，服从党组织安排，去云南陆良当了一名中学数学教师，并以此为掩护，协助当地党组织开展武装力量据点的筹建工作。

组织利益高于一切，下级服从上级毫不含

在云南工作的刘国鋕

糊,执行党的纪律不讲价钱。刘国鋕这种绝对服从就是党性。

抗战胜利后,国民党以"收购武器,笼络人心,图谋不轨"的罪名搜捕刘国鋕。地下党组织决定将他转移到重庆。

回到重庆后,刘国鋕希望党组织派他去延安,但党组织希望他留在重庆秘密联络"陪都青年联谊会""青年民主社"这两个进步团体。后按照党组织的安排,刘国鋕参加了"中国民主同盟",以民盟盟员的身份为掩护,开展统一战线工作。

在刘国鋕烈士的档案中,有同事这样回忆他的工作情况:

他不是以领导者的面目出现,不高喊政治口号,不空谈,而是十分热情,关心人,鼓励人,用实际行动感染人。

他那热情、舍生忘死的劲头使人感动。

他总是把倾向进步的知识分子、爱国人士、文艺工作者尽力团结在党的周围,使我们前进。

他有一种力量,一种不怕困难、不怕压力、勇往直前的精神。

刘国鋕烈士(1947年摄)

1947年,刘国鋕开始担任沙磁区学生支部委员会书记,主要负责重庆大学地下党组织的联络宣传工作。他的公开身份是四川省银行重庆经济资料研究室研究员。在这期间,刘国鋕利用自己的工薪收入为学生开展宣传活动、为反内战活动提供经费支持,把自己的宿舍作为组织活动联络的据点,也为党组织疏散人员提供经费保证。

对政治选择的坚定和对信仰追求的执着,成为刘国鋕努力为党工作的力量源泉。他把自己的人生与党的事业紧紧地联系在一起，并以此作为自己的价值取向。

1946年7月，爱国民主人士李公朴、闻一多在昆明被国民党顽固派暗杀后，刘国钧以刘刚为笔名在《新华日报》上发表了《略论闻一多先生》一文，抨击国民党对民主自由的践踏破坏。

他在文中写道：

众所周知，闻先生学贯中西，对中国古代文学的研究，造诣已经超越前人，中国学术界如何地需要这样的通人？中国民主革命虽然已有了重大的成绩，无可否认文化战线却远落在政治战线之后，而处在幼稚的境地，新民主主义的文化革命正需要闻先生这样的人！精通外国的和中国固有的，而又懂得服务于政治、服务于劳动人民，合乎辩证法的规律，这样成熟了的学者，中国怎么损失得起？假如闻先生得尽天年，真不知道对新民主主义的文化将有如何重大的贡献！直接和间接地对于新民主主义的政治，也不知道将有如何重大的贡献！然而闻先生死了，活生生地被法西斯卑劣地暗杀了！这是全人类惨重的无可估计的损失，这是万古不灭、不共戴天的血海深仇呵！

……

为了民主的文化和政治，为了中国的革命，闻先生付出了生命，这是中国学者的光荣。这是中国文人的范型。全中国的知识分子们啊！闻先生的道路应当就是我们的道路，联合起来，沿着闻先生的道路前进！

刘国钧既是一个真理的追求者，又是一位革命的实践者。他身体力行，不尚空谈。他以自己的行动实践了他在文章中向中国知识分子发出的号召。

刘国钧与家人合影

1948年，重庆地下党组织因《挺进报》扩大发行，被国民党特务机关侦破。地下党领导人出现叛变，刘国鋕也因此不幸被捕。

国民党重庆行辕二处处长徐远举一查刘国鋕的背景资料，认为像他这样出身豪门望族的公子哥儿，不可能从骨子里面相信共产革命这一套，只不过是年轻人图新鲜赶时髦，只要政府稍加规劝，一定能让"浪子回头"。

根据资料记载，徐远举在审讯刘国鋕时问他："你家里面有钱有势，有吃有喝，你革谁的命？你造谁的反？你知不知道你这一切做法都是跟家里人跟自己过不去？"

刘国鋕没有回答。

徐远举又说："你的上级已经将你出卖，我们什么情况都清楚。今天要你到这里来交代问题，主要是看你态度老不老实。希望你好好跟政府合作，争取宽大处理。"

刘国鋕这时回答说："既然我的上级已将我出卖，你们什么情况都清楚，你问我干什么？你要问我，我什么都不会跟你说。"

徐远举做梦也想不到刘国鋕会这么不识抬举，决定用刑罚对他进行整治。

蔡梦慰的《黑牢诗篇》中有这样一段记录狱中刑罚的文字：

热铁烙在胸脯上

竹签子钉进每一根指尖

用凉水来灌鼻孔

用电流通过全身

人的意志呀

在地狱的毒火里熬炼

像金子一般的坚

像金子一般的亮

可以使皮肉烧焦

可以使筋骨折断

铁的棍子

国民党特务徐远举

木的杠子

撬不开紧咬着的嘴唇

那是千万个战士的安全线啊

用刺刀来切剖胸腹吧

挖得出的也只有那又热又红的心肝

这是狱中刑罚的真实写照,刘国鋕在刑罚面前坚不吐实,没有出卖同志和组织。当时参加审讯的军法处法官张界,重庆解放后,在交代材料当中写道:"刘国鋕被捕后,始终没有把中共的组织交出,只承认有组织关系,但是坚持不交。"

最后,徐远举无计可施,只能将刘国鋕钉上重镣,投放到监狱。

刘国鋕被捕以后,其家人纷纷动员国民党里里外外、上上下下的关系向保密局施加压力,要求放人:国民党的胡宗南要求徐远举对刘国鋕网开一面、个案处理;重庆市参议会议长胡子昂希望徐远举对刘国鋕从轻发落;重庆市市长张笃伦亲自到徐远举的办公室为刘国鋕说情。

重庆解放后,徐远举交代说:

"刘的家属怕我杀他,尽力奔走营救。经济部部长刘航琛移樽就教,登门拜访,来我家同我交朋友。言谈中,希望我保全刘国鋕的性命,并示意,只要我同意这样,在他所开设的川康银行和川盐银行可随便透支用款。何北衡

蔡梦慰烈士狱中所创作《黑牢诗篇》遗稿

也托我的妻舅、重庆市市长张笃伦向我关说，并托军统特务头子曾晴初和皮世修，在二处内部奔走活动。"

面对方方面面的说情，徐远举给予了坚决抵制。他明确表示：刘国鋕不是一般的共产党员，而是一个有现行活动的共党要犯！如果要释放刘国鋕，那今后重庆地区再出现共党案件，我行辕二处一概不管！

鉴于此，刘国鋕的家人又变换策略，营救他们的刘七公子。他们打听到徐远举喜欢抽烟，就给徐做了一个纯金的香烟盒，买了一块劳力士手表，又送上若干洋酒名烟，希望徐远举放人。

但徐远举却明确提出，刘国鋕要从这儿出去，最低条件是必须在报纸上发表一个声明，宣布退出共产党组织。家人觉得这个条件不算过分：刘国鋕搞共产革命运动，一直是家里的心头大患，以前长期劝说无效，现在通过政府压力，迫使他与共产党组织一刀两断，也正如刘家人所愿。于是，家人同意了这个条件。

因此，家人劝说刘国鋕赶紧写个退党声明书、写个悔过书，出去后可以到美国留学，或去香港地区到自家的公司工作。但刘国鋕坚称：只能无条件释放！

重庆解放后，徐远举在秦城监狱写的交代材料中说：

1949年三四月间，国共和谈之时，刘航琛（经济部部长）、何北衡（四川建设厅厅长）给西南军政长官张群写了一封信，要求保释刘国鋕，叫他到香港去。张群将原信批转我办，意思是只要我同意释放就可以。……但是我始终未同意释放刘国鋕。

国民党垮台前夕，刘国錤为营救弟弟从香港地区来到重庆，希望徐远举降低条件放人。他对徐远举说："我的弟弟脾气这么倔强，他不愿意做的事情十头牛都拉不回来！你非要他在报上发表声明脱离共产党组织，他非不愿意，那不就是我们刘家白赔一条性命吗！反正你们国民党马上就要离开重庆，多个朋友多条路，香港方面今后用得着我的地方，我刘某人一定全力相助。"

1949年8月，由广州、南京撤到重庆来的军警宪特、达官贵人在重庆抢黄金、兑美元，完全乱成一团。国民党保密局要执行蒋介石下达的大屠杀、大潜伏、大爆破三大任务，徐远举感到经费奇缺。刘家在这个时候送上空白支票，对徐远举有莫大的诱惑。他对刘国錤说："刘先生，国民党失败已成定局，共产党要接管重庆也只是时间问题。但是我徐某人一定相信，共产党接管重庆后，恐怕也容不得罢课示威、扰乱交通的情况出现吧？为此，你弟弟写一个检查，认个错总不过分吧？"刘国錤感到这是徐远举在故意刁难，立即回答说："时间紧张，就由我帮我弟弟起草一份认错书，只要他签字，签了字一样算数。"在当时那种混乱情况下，徐远举也同意了。

刘国鋕被带进徐远举的办公室，一看见刘国錤就马上问："哥哥，我要的东西带来了吗？"刘国錤赶紧拿出一张照片给他。刘国鋕拿着照片一看，两行热泪夺眶而出。照片上除了有他想念已久的亲人以外，更有他的未婚妻曾紫霞（注：曾紫霞就是小说《红岩》里面孙明霞的原型人物）。他与曾紫霞恋爱一年多，眼看就要结婚，自己却被捕入狱。看见照片，刘国鋕心里非常酸楚。刘国錤对弟弟说："七弟，我们今天什么都不要再争了。你不知道外面已经乱成什么样子了。你今天再不离开这个地方，谁也管不了你。徐处长已经同意不让你在报上发表声明。我帮你写了份认错书，你只要签字，签完字我们赶快离开。"说完拉着刘国鋕的手就要签字。

刘国鋕看到五哥焦急伤心的样子，心中十分难受。但他怎能在特务的办公室，用短短的语言，让这埋头做生意的哥哥一下子明白许多道理呢？他决不能让特务去玩弄亲人的泪水，践踏兄弟的情谊。他毅然起身说道："五哥，我理解你和家里人对我的思念。我有我的信念、意志和决心，这是谁也动摇不了的！我自愿为人民牺牲自己，你们不要再管我，也不要再来了！"

刘国錤伤心地一再哭劝，甚至跪在地上苦苦哀求，要刘国鋕即使不为自己着想，也得为家里的人着想！但是，刘国鋕仍然十分坚定地表示：释放必须是无条件的。

营救就这样彻底地失败了！

1949年11月27日，蒋介石下达屠杀命令，徐远举亲自部署对刘国鋕进行密裁。他不相信枪架在脖子上还敢不求饶，更不相信死到临头还敢嘴硬！

重庆解放后，徐远举交代说："本来释放刘国鋕，在我当时的反动职权上不算什么问题，只是由于我的反动思想作祟，反动政治成见太重：第一，刘国鋕是四川大资产阶级、大地主的子弟，对他也为共产党闹革命，大惑不解。第二，我有心给刘航琛卖个人情，但我讨厌何北衡，对他的装腔作势，两面吃糖，有极大的抵触。因这两个思想矛盾，我虽受了贿，始终未同意释放刘国鋕。"

要释放只能无条件！刘国鋕宁死也不改变自己的政治立场。中国共产党为什么能够从小到大？为什么能够由弱到强？为什么能够夺取国民党政权创建新中国？就在于有无数像刘国鋕这样坚守理想信念决不动摇的先进分子。为之奋斗追求理想信念，乃至用生命去捍卫也是在所不惜，杀了我一个，自有后来人！

1949年11月27日，当刽子手冲进白公馆看守所提押刘国鋕时，他正在牢房的地板上写诗。在奔赴刑场的途中，刘国鋕口头吟诵了他在牢房里未写完的那首诗。重庆解放以后，根据叛徒、特务的交代，以及脱险志士的回忆，这首诗被记录在案：

同志们，
听吧，
像春雷爆炸的，
是人民解放军的炮声。
人民解放了，
人民胜利了，
我们没有玷污党的荣誉！
我们死而无愧！

这就是一个年仅28岁的共产党人，在生命最后一刻所发出的呐喊。这是对信仰的力量、对政治选择绝对忠诚的最好说明。

党的荣誉至高无上，必须用生命和热血去捍卫！

一个人可以在政治上不做任何选择，一旦做出选择就必须做到绝对忠诚。

正是因为有无数像刘国鋕这样忠诚自己的政治选择，决不背叛的先进分子，中国共产党领导的革命才能够成功，中国共产党才能够战胜蒋介石八百万军队而创建新中国。

党的荣誉是什么？是对国家、对人民的一种庄严承诺。

这种承诺的严肃性，吸引、感召了大众。

这种承诺的实践性，动员、团结了大众。

红军时期入党誓词承诺："永不叛党。"

抗日战争时期入党誓词承诺："为共产主义事业奋斗到底。"

解放战争时期入党誓词承诺："百折不挠永不叛党。"

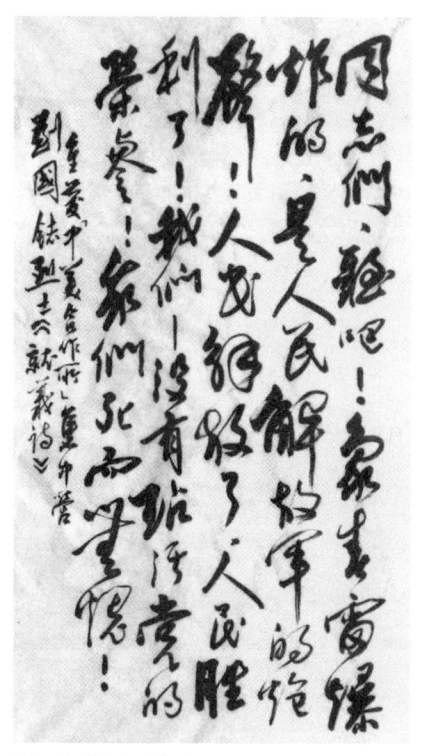

刘国鋕《就义诗》的书法作品

中华人民共和国成立初期入党誓词承诺："随时准备牺牲个人的一切，为全人类彻底解放奋斗终身。"

现在入党誓词承诺："随时准备为党和人民牺牲一切，永不叛党。"

共产党置国家民族和人民利益于个人荣辱之上，人民群众就愿意支持、跟随共产党，让共产党代表自己的利益。因此，一个人在政治上做出选择后，就一定要坚守自己对党的承诺。假如这种承诺的严肃性、实践性出现了问题和偏差，那不但会玷污自己的信仰和人格，最关键的是会对党的事业造成影响，削弱党的战斗力。

我担任烈士陵园馆长期间也经常为观众解说。解说后，我经常会向听众提问题来共同讨论：假如我们都处在那个年代，会做出怎样的选择？"哎呀，我可当不了烈士！""如果选择当烈士，我真怀疑自己有没有那样坚定的思想，但要我选择当叛徒，那良心、人格绝对是通不过的。"这的确不是一个好回答的问题，但值得我们大家去思考。

我曾经到一所学校去讲课。课后，老师要求同学们写感想。一名同学在作文里有这样一段话："……听了厉华叔叔的报告，我知道了新中国为什么来之不易，五星红旗为什么是烈士的鲜血所染红。但是，当我听到革命烈士在狱中所受刑罚情景的时候，我的心头为之一震，庆幸我没有生活在那个时代，否则我什么都会说……"

"近朱者赤，近墨者黑。"青少年在成长的社会环境中需要理想信仰的激励，需要精神正气的鼓舞，更需要不断获得正能量。"我们是共产主义接班人"不能只是当成一首歌在唱，我们的党员干部、公职人员应该以自己的言谈举止、行为作风，让学生知道这句歌词的含义和内容，在社会中释放出一种正能量，让青少年受到正气的鼓舞。

什么叫追求？什么是生命的意义？什么叫敢于为真理而献身？什么叫革命信念？刘国鋕烈士用自己宝贵的生命作出了回答。党的荣誉，革命的理想，在他的心中是神圣而至高无上的，生命的意义就在于对信念的追求，人的价值就在于在这个过程中的奉献！我们说革命烈士是伟大的，革命烈士是光荣的，就是因为他们在一个生命的个体中，高度地扩展了人的生命意义和生命价值，而这种意义和价值正是维系我们这个民族发展的不可缺少的优良传统。这，就是我们民族的魂魄！

★阅读思考：

1. 中国共产党在白色恐怖下为什么会有不可动摇的理想信念？
2. 党性的坚强，表现在思想上是对理想信念的绝对认同，并且能够为之奋斗追求。今天面对实现中华民族伟大复兴，我们应该怎样去追求奋斗？

王朴：
在金钱与理想的天平上，理想更重

中国共产党人的初心和使命，就是为中国人民谋幸福，为中华民族谋复兴。在重庆红岩的历史上，王朴烈士和他的母亲金永华为了中华民族的独立解放，变卖家产支持地下党活动，开办学校为党的活动提供据点，为人民革命解放事业作出贡献。

1945年9月的一天，四川省江北县（注：现重庆市渝北区）复兴乡大树李家祠堂，一改往日的陈旧，被打扫得干干净净，门口高高挂起了一块牌子："私立莲华小学"。学校的董事长是当地王姓富绅的遗孀金永华，校长就是金永华的三儿子王朴。

王朴

莲华小学实际上是王朴在中共中央南方局青年组指示下，以开辟革命据点、聚集和培养革命力量为主旨，利用王朴的家庭背景在当地开办的。

1944年，日本帝国主义为了摆脱不利局面，发动了侵华战争失败前规模最大的一次攻势。日军集结50万军队，先后发动了豫中会战、长衡会战和桂柳会战，妄图打通南北大陆交通线，打击中国西南部的空军基地，阻止美国空军空袭日本和挫败中国军队的抗战意志。国民党军队战斗意志下降，军队内部腐败，导致12月底日军打到贵州独山，严重威胁战时首都重庆的安危。中国共产党针对国民党经济上、政治上、军事上所面临的深刻危机,致电在重庆的中共中央南方局,要求开展大后方农村工作,建立据点,为对日开展游击战做准备。周恩来要求国统区的地下党组织,动员革命青年学生到农村去,扎根群众之中,使自己社会化,为争取抗战胜利和彻底的民主政治而奋斗。当时党中央的这个决定的现实意义是:假如日本人打进了大后方,党组织可以在农村组织农民群众开展游击战争;另一方面,如果日本人打不进大后方,通过革命青年组织宣传,群众会形成社会基本力量,为推翻国民党反动统治积聚力量。

在这个背景下,正在重庆复旦大学新闻系读书的王朴,接到地下党的通知,要求他回江北县老家,为党开辟工作据点。

什么是"据点"?据点,是中共中央南方局在国统区根据开展工作的需要,在学校、工厂、农村等地,以地下党员为核心,团结积聚进步群众、青年,实施培养教育工作的一个载体。

地下党为什么选择王朴呢?为什么让王朴回江北农村建立据点呢?

1921年,王朴出生于重庆江北县一个富有的家庭。他的父亲王莲舫、母亲金永华1926年带着5岁的王朴到日本做猪鬃生意。王朴的母亲金永华从小读书要强,成婚后操持家务,经营产业使王家家业兴旺。在日本做了几年的生意赚了7万大洋。回国后,继续在江北县收购田产,扩大农业,可以说是富甲一方。

王朴生活在这个家庭中可以说是衣食无忧,条件优越。1941年他在复旦高中要毕业时,却被开除了。

王朴在进步教师的支持下,走上全校师生的周会讲台,公开揭露校长颜伯华侵吞公款、贪污学生伙食费等问题,要求校方公

金永华在日本

布账目，提出由师生代表组织伙食管理委员会，自己管理伙食，并清查以往账目。

王朴的这一行动，受到全校进步师生的支持，但也触怒了校长颜伯华。接着，校长召开全校师生大会，在会上宣读了国民党当局严防共产党领导学生动乱的文件。然后，校长颜伯华要求王朴向全校纠正自己的行为，遭到王朴断然拒绝。

这件事对20岁的王朴没有造成多大的影响，他也并不感到是耻辱！因为这不是第一次。在这之前，13岁时在求精中学，因他仗义执言、打抱不平，学校劝其退学，在广益中学他反对学校读圣经和批评学校教育方法死板陈旧而被劝退。这次，他和几个同学又被学校开除，却直接刺激他要走另外一条人生发展之路。为了保持学习，他邀请了几个有相同经历的同学到家中进行自学。他们到生活书店购买《资本论》《联共（布）党史》《马克思传》和鲁迅、莎士比亚的作品。他经常到《新华日报》营业部阅读《新华日报》、《群众》周刊。在自学读书、读报的活动中，他的思想在发生变化，一种要改变社会的使命感在他心中油然而起。他对自己家庭的财产与土地不断扩大以及农民的生存现状进行分析，开始思考"革命"二字的含义，逐步树立起革命的信仰。

地下党员吴子见是王朴当时自学读书的成员之一，重庆解放后他回忆说："被学校赶出来，我们不愿散伙回家。一则被学校赶出来回家不好交代，再则我们想好好补习一下功课，争取下学期另考高中。……王朴提出一个办法，到他的家里去组织集体自学。"在这个时期，"王朴是《新华日报》和生活书店的忠实读者。他每次进城总要买一批书刊回来。他几乎保存了全部《新华日报》和《群众》《解放》《理论与现实》等进步刊物"。

在这个自学的阶段，王朴在地下党员的影响和帮助下，通过阅读进步书刊和《新华日报》《联俄布》，对社会、对现实有了自己的一些看法，对革命形成了基本的信仰和坚定马克思主义世界观的初心。

1944年，王朴考入在重庆北碚的复旦大学读书。在这里，他的人生开始与革命二字紧紧地结合在一起。在红岩的历史档案中记载：

1944年夏天，北碚复旦大学新生入学的日子里，新闻系新同学中一个既热情又冷静、既活跃又沉默的四川本地青年，引起了中共中央南方局青年组的复旦"据点"核心组的注意。他刚入学就把不少同学吸引到他的周围。他们一起看《新华日报》《群众》周刊，一起读进步文学作品。……

复旦大学的地下党"据点"，在对王朴的家庭、个人情况进行了全面的了解以后，便开始重点对他进行教育培养。而王朴在党组织的培养教育下，在复旦大学最大的成绩就是在中共中央南方局青年组的指导下，开展了积极创办抗战时期著名的《中国学生导报》的工作。王朴是创办《中国学生导报》财经委员会负责人之一。

当时，重庆的各个学校，特别是复旦大学的学社、壁报相当地多，尽管都有各自的倾向和不同社会诉求，但是有一个根本的共同点，就是都有政治民主和言论自由的共同要求。中共中央南方局组及时抓住这一机遇，推动各个学校联合，筹办《中国学生导报》。

在中共中央南方局青年组领导下，王朴积极奔走于各个大学之间进行联络，并且从自己的家中要了一些钱，包括自己的生活费，积极支持报纸的出版。1944年12月22日，由重庆地区各大、中学校的进步学生和职业青年创办的四开铅印小报《中国学生导报》在重庆创刊。名义上是由学生自发创办的这张报纸，实际上是在中共中央南方局青年组的秘密领导下，每周一期，以反映和促进国统区学生运动和学校文化学习生活为主要内容。在国民党统治区的重庆，从此有了公开合法的传布中国学生严正呼声和进步要求、打破国民党顽固派的封建独裁和文化专制政策的报纸，为党团结进步力量奠定了基础。

在参加办报的过程中，王朴在中共中央南方局青年组的教育培养下，通过学习《新民主主义论》《论持久战》和《联共党史》《科学与哲学》等书籍，树立了自己走革命的道路，为共产主义事业而奋斗的信念。

当时，按照中共中央南方局青年组的指派，王朴秘密往来于各个学校之间，传送学习资料和传单以及油印工具。他积极组织稿源，动员学生关心时事政治，接受党组织开展秘密工作的纪律要求，与各学校的进步团体建立了单线联系。

在此期间，王朴向党组织提出了加入地下党组织的要求，而党组织却对王朴提出了要他回农村为党组织建立据点的要求。

王朴对于党组织交给自己这个艰巨的任务，表示坚决服从，并且希望党组织在实际工作中对他进行考验，希望早日成为一名共产党员。

1945年7月，按照中共中央南方局青年组的指示，王朴回到了江北老家。他与母亲进行了一次长谈。他以自己在外几年读书的经历，讲述了学校教育的种种弊病，学校教育死板、缺乏生气的种种现实状况。他向母亲提出，希望办一所在培养人才方面有创新的学校。母亲金

王朴母亲金永华办的志达中学

永华问他是怎么个新法？王朴说：一是要有全面发展，不能够是死读书，要结合国家的前途、结合实际，注重社会需要培养实用性的人才；二是要在学习中培养学生有志向、有追求、有革命的意识，在关键时刻要敢于为国家民族作出奉献。一向特别喜欢这个小儿子的母亲，非常赞赏王朴的想法，她认为办教育是对社会有功德的事情。同时，她认为儿子是一个执着的人，只要他想干的事情就一定会有结果。她答应了儿子的请求，同意出资帮助儿子办学校。

王朴的母亲金永华出资三十两黄金，将复兴乡的一所李家祠堂买下，创办了莲华小学。中共中央南方局青年组派了黄友凡、陶昌宜、李青林、喻晓晴、谢诚、褚群、黄雅律、伍集、王敏、黄冶、钟歧青、齐亮、马秀英、张仲明等30多人来帮助筹办学校。抗战胜利后，为了使学校合法化，王朴又动员母亲投资买下迁回天津的志达中学的牌子和机构，新办了一所志达中学。

金永华出任董事长，王朴担任校长。

1946年冬，地下党在学校建立了江北农村工作组。这个时候根据王朴的表现和申请，党组织决定批准王朴成为一名共产党员。其后，他又担任了中共江北县特支委员、江北县工委书记、重庆北区工委宣传委员兼管统战工作。

国民党发动全面内战后，地下党四川省委青年组又连续派遣两批同志到学校，以教书为职业掩护，在农村开展发展党员、组织队伍、发动群众、组织斗争的活动。

为了教育母亲更多地、有效地支持革命，王朴让母亲阅读《新华日报》和《群众》周刊。为了让母亲同情和了解革命，他让母亲阅读高尔基的著作《母亲》。他把在学校担任工作的地下党员介绍给母亲，让他们多多地交谈而施加影响。王朴在政治上帮助母亲，母亲在经济上不断地支持儿子办学，扩大事业。为了保证经费开支上的安全，王朴按照地下党指示，在重庆城内又开办了一所南华贸易公司，作为地下党活动开支经费的一个据点。

在红岩的历史档案中记录着：

"1945年7月，王朴同志响应党的号召，在党组织的具体帮助下，回到家乡，动员母亲金永华投资中学，在复兴乡李家祠创办莲华小学，作为党在农村的一个工作据点。……从莲华小学到志达中学，一开始就是在党的领导下，作为一个农村工作据点而兴办的。南方局根据周恩来同志关于'要把教育和斗争结合起来，为革命培养和输送干部'的指示精神……中共中央南方局组织部、青年组、《新华日报》和育才学校的党组织以及四川省委青年组、川东临（特）委，先后调派了黄友凡、陶昌宜、李青林、喻晓晴……王敏、黄冶、钟歧青、齐亮、马秀英等领导同志和党员干部共三十余人来校工作，充实了革命力量。并且，从创办莲华小学开始，到解放时为止，党的领导机关、指挥中心一直设在学校里。"

"我们莲华的老师和工作的同志，既是教育者又是革命工作者，虽然大家来自四面八方，却有一个共同的心愿和目标：为革命办莲华，托莲华干革命。"

金永华老人在重庆解放后回忆说："我出生于光绪末年（1900年）……从创建莲华开始到迎来解放……我的儿子，正是他，通过长期耐心的启发教育和直接的引导,使我树立起了坚决跟着共产党走的信念……王朴不仅是我的儿子,而且也是我解放道路上的第一个最重要的老师"。

莲花中学、志达中学、南华贸易公司、《中国学生导报》重庆版是王朴在解放战争时期为地下党掩护人员、培养干部、提供经费的四个据点。在这个时期,母亲希望儿子能够为国家、为民族做些有益的事情。这位出过国、经商置办田产盼望民族振兴的母亲,更希望自己的儿子能够为人民、为社会多做贡献。儿子投身革命,希望自己的母亲给予更多的理解和支持。他希望自己的母亲能够从一个"剥削者"变成一个革命者。

母亲的疾恶如仇、光明磊落、爱国爱民族的热情,与儿子对共产主义理想的坚定、对革命的忠诚交织在一起,使他们产生了更多的共同语言和认识。因此,在地下党更多地需要经费开展活动的关键时刻,儿子向母亲坦诚了自己的政治观点,讲明了自己是共产党员。而母亲没有被白色恐怖下儿子是共产党的身份所吓倒。她出于对儿子人品和行为的信任,出于对儿子身边共产党人的活动正义的认同和理解,出于对儿子是一个对社会、对人民有责任心的人的判断,同意变卖家中田产,借钱给地下党。

随后,川东临委书记王慕斋指派齐亮与黄颂文代表组织,王朴和王兰桂代表金永华一家进行商谈。经过几次商议,最后达成三条协议:(一)变卖王家在巴县、江北县田产,得来的款项存入银行,借给地下党,解放后如数归还。(二)莲华中学完全由党组织来管理。(三)王朴的弟妹送育才中学读书。上述内容经王慕斋批准后,还以上级党组织负责人的身份同金永华见了面,并以代号打了借条,相约解放后凭条归还借款。王慕斋对金永华深明大义的爱国行动给予了热情鼓励,并希望她与党长期合作。

协议达成后,王朴把变卖田产作为一项光荣任务去完成。王家1680多石田产分别在江北县复兴、悦来、仙桃、静观等乡和巴县的鹿角、长生等地,先后卖掉1480石,折合黄金2000两。

随着王朴家大量变卖田产,地下党有了一笔相当可观的款项。根据川东临委指示,决定在重庆市区筹建一个贸易公司,作为川东地下党经营的一个经济据点。地点选在民国路宏泰大楼,在二楼租了一层楼房,由王朴任经理,杨志一参加工作。同时还从学校抽调了几个党员到这里担任会计和办事员。南华贸易公司以王朴家卖田的款项作资本，以做生意为名，供给川东各地党的活动经费，并与上海、香港等地开展贸易往来，从而为地下党开展工作保证了经费的使用。

为国家、为民族谋幸福的初心，激励着充满正义感的金永华跟着儿子一块干革命。她生前曾经说：王朴是我的儿子，但也是我的老师，是他引导我参加革命，懂得为社会、为国家去做事，非常地有意义！

1947年9月，中共重庆北区工委成立，工委书记齐亮化名李仲伟，以英语教员的身份作掩护到校工作，莲华小学就成为北区工委领导机关所在地，成为江北县和北碚地区党的活动中心。

1948年初，学校进一步扩大，王朴通过母亲买下抗战初期由天津迁渝的私立志达中学，改莲华小学为志达中学初中部，原志达中学为高中部，仍由金永华任董事长、王朴任校长，将学校的一些骨干调到高中部，党的机关仍在逊敏书院。

创办莲华小学、改办莲华中学、接办志达中学，到重庆解放时止，历时四年半，培养了数百名学生，大多数成为新中国建设的骨干。党还以学校为依托，在知识青年、工人特别是农民中发展了大批党员，约计700人。

不幸的是，1948年4月，特务从一个参加游击起义被捕人员包里查出一张"南华企业股份有限公司"的支票，国民党行辕二处立即调查发现，南华企业股份有限公司的经理是王朴，且有明显"共党嫌疑"！28日，行辕二处将王朴逮捕！在狱中，特务提出两条选择道路：一条是悔过自新，一条是长期监禁。王朴义正词严地回答："我愿选择后一条。"在狱中，王朴还编写了《怎样做支部书记》的学习材料，让难友学习讨论，与江姐一起组织同志学习《论共产党员修养》《新民主主义论》有关章节。为了让王朴招供和转变立场，特务将叛徒刘国定带到狱中与王朴对质。刘国定试图以现身说法要王朴"识时务"，得到的是王朴一记响亮的耳光！他怒斥叛徒刘国定"灵魂肮脏、人格下流"！

徐远举在北京功德林看守所写的《血手染红岩》材料中记述："王朴，30

岁，江北人，中共地下党员，复旦大学毕业。他的家庭是江北的大地主，自办一所中学。……他毁家纾难，卖了许多田地给地下党作经费。……我两次对他劝降，他冷笑几声，表示拒绝。"

王朴在白公馆通过看守带出过给母亲和妻子的两张纸条。给母亲的纸条，他写道：

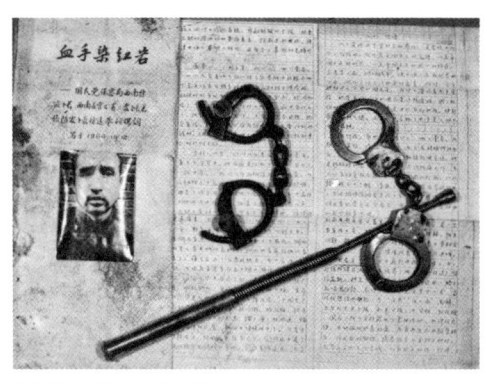

徐远举《血手染红岩》

娘：

你要永远跟着学校（注：地下党创办的莲华中学）走，继续支持学校，一刻也不要离开学校，弟、妹也交给学校。

给妻子褚群的纸条：

小群：

莫要悲伤，有泪莫轻弹。你还年轻，你的幸福就是我的幸福。狗狗（注：儿子王继志）取名"继志"。

1949年10月28日，王朴在重庆的大坪刑场被公开枪杀。金永华从报纸上知道了这个消息。她手拿登有儿子被处决消息的报纸，一个人在儿子——校长王朴的办公室里静静地坐着。王朴被捕的消息她早就知道了。为了不影响老师、同学们的情绪，她说王朴去香港做生意去了。现在报纸上都刊登出来了，说儿子是共产党！是政治犯！他被处决了！她反复回忆儿子所做的事情有什么错？拿钱办学、开公司资助学校，宣传和平民主、帮助穷人上学、为社会自由幸福而奔波！儿子没有错，儿子的选择是对的！想到自己最喜欢的这个儿子就这么被杀害了，想到学校这么多的老师、同学对自己、对儿子王朴的尊敬和热爱，她决心要把儿子创办的这两所学校继续办下去，而且要办得比以前更好！金永华从王朴的办公室里走出来的时候，看见全校的老师和同学们都静静地站在那里，非常激动地对大家说："你们的校长王朴他不仅是我的儿子，而且也是我第一个最重要的老师。他使我明白了许多道理。他使我懂得了怎样去做一个对国家、对社会真正有用的人。"最后，她向老师、同学们坚定地表示：这两所学校我们要共同努力，继续把它办下去。

金永华带着儿媳妇褚群悄悄地来到儿子王朴殉难的地方——大坪刑场。站在一个坡地上，远远地看着儿子倒下的大坪刑场，她仿佛看到儿子昂首挺胸，高呼口号，从容就义的情景。她感觉到儿子是一个真正的人，一个坚强的人，一个值得母亲颇为骄傲的人！王朴的妻子褚群扑在妈妈的身上失声痛哭，金永华抚摸着儿媳褚群颤抖地说："不要哭，眼泪解决不了问题，要像王朴那样沉着、冷静、坚强。"金永华拉着褚群坐在坡地的一块石头上，对她说："小群，不要难过，我告诉你，从王朴被捕以后我就预感他回不来了。他从狱中带出了几句话，你们的组织已经给我说了好几天了，现在我把它转告给你，你要记住，这是你丈夫给你最后的交代。"金永华一字一句地说："不要为我的死而难过，有泪不轻

金永华

褚群

弹！党还有许多任务交给你去做的，你能'化悲痛为力量'也就是给我报了大仇！在今后漫长的革命道路上，记住：'你的幸福就是我的幸福'！给咱们的小狗狗起个名字叫'继志'，要让他长大成人，长一身硬骨头，千万莫成软骨头。让他真正懂得'继志'的含义。"

一个多月以后，重庆解放。1949年12月，西南军政委员会成立。1950年1月，西南军政委员会首长刘伯承、邓小平等在听取了重庆市关于渣滓洞、

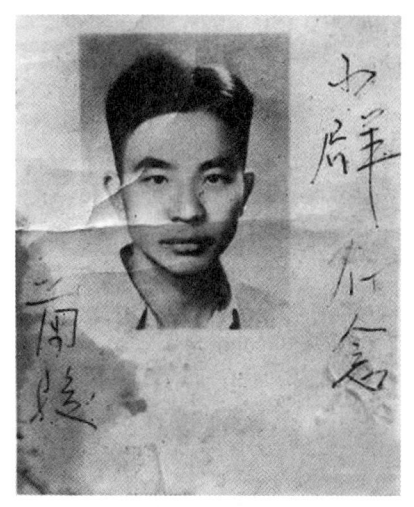

王朴送给妻子褚群的照片

白公馆遇难烈士被害及烈士家属抚恤的汇报后，刘、邓两位将军指示：重庆地下党之所以能够生存，解放工作搞得如此出色，完全取决于我们党的工作基础。我们过去说过的话，答应过的事情，今天要逐一兑现。

根据刘伯承、邓小平的指示，王朴的妻子褚群被安排在重庆市委办公厅做秘书兼搞常委记录，金永华被安排在重庆市妇联工作。在军政委员会机关，邓小平同志还亲自看望了褚群，希望她化悲痛为力量，建设新中国。同时，重庆市政府的同志带着银行的存单2000两黄金，到江北金永华老人家中去归还当年的借款。手捧着烈士的荣誉证书，金永华思绪万千，看着儿子的遗像，流出了热泪，面对政府的慰问，说了这样的话："是我儿子王朴，是他用鲜血和生命激发了我认识共产党，了解共产党，是他教育我跟党走！王朴不仅是我的儿子，更是我人生道路上的导师。"当政府的同志拿出2000两黄金的银行存单要归还给金永华的时候，金永华将她的儿媳褚群抱在怀里，连连摇头说："不，不，我不能收！"政府的同志说："这是我们按照当时的借钱协议归还的，这些钱也属于你自己……"金永华松开双手，看着儿媳褚群问："你说该不该收？"褚群流着热泪对妈妈说："你自己决定吧！"金永华老人说，儿子王朴参加革命这是应该的，现在要享受组织的照顾是不应该的；当时把家中田产变卖，把黄金借给地下党是应该的，现在要接受政府的归还

是不应该的；作为家属和子女继承烈士遗志是应该的，把烈士的光环罩在自己头上作为资本向组织伸手是不应该的。在场的同志为金永华这种诚恳、大义而感动，最后他们没有再要求金永华收回这笔借款，而是把它交给了国家。

王朴的儿子王继志大学毕业后在南京一科研单位从事技术工作，是一位对国家科学技术发展有贡献的专家。他每次来重庆的时候都要去祭扫烈士墓。我在与他交往数年的过程中，深深地记住他所说的这样两句话："父亲的一生给我最大的启示是：在金钱与理想的天平上何以为重？钱只能为人服务，人不能为钱去服务，这是一个基本的道理。"

金永华老人在重庆解放后一直致力于妇女工作，84岁加入中国共产党，91岁高龄无疾而终。去世后，她的子女根据母亲的遗愿，将保存的王朴所有物品以及她的一些书信、物品无条件捐给重庆歌乐山烈士陵园。我们收到这些文物资料以后，举办了一个展览，中央许多领导同志为展览题词作画，其中有一条幅是这样写的：光荣的儿子，伟大的母亲！

在王朴的墓碑上刻写着：

他以振兴中华、解放全人类为己任，一经认识革命真理，就义无反顾，勇往直前。他坚持学习，坚持革命斗争，无私地为人民的利益献出了自己的一切。他不愧为共产主义的英勇战士，不愧为我们学习的楷模。他的光辉形象将永远鼓舞我们前进。

王朴烈士原名兰骏，四川省江北县仙桃乡人，生于一九二一年十一月二十七日。一九四六年参加中国共产党，一九四八年四月二十七日被国民党反动派逮捕，囚于白公馆看守所。一九四九年十月二十八日在重庆大坪壮烈牺牲，时年28岁。

为了革命，王朴坚守初心，担当使命，变卖家产支援革命。母亲金永华"要把钱用到该用的地方"体现了一种道德至上的力量。

★阅读思考:

1. "三个应该、不应该"充分体现了共产党人所强调的核心价值。怎样理解理想可以创造财富?
2. 在金钱与理想的天平上,我们应该怎样去面对义和利?

陈然：
坚守气节，决不低下高贵的头

坚持斗争、敢于斗争，不妥协、不退缩、不苟免、不更其守！固执着真理去接受历史的考验！

在白色恐怖、政治高压下，不退缩坚持战斗传播正能量！

在淫威酷刑、监禁折磨下，决不低下高贵的头顽强斗争！

1947年2月，国民党查封在重庆公开建立的中共四川省委机关，查封《新华日报》，封锁舆论消息，黑云压城。陈然等人为了传播共产党的声音，为了传达人民解放军的消息，创办《挺进报》，冲破阴霾，打破沉寂。在国民党实施白色恐怖的政治高压下，不畏艰险，敢于斗争，敢于担当，并用自己"决不低下高贵的头"的豪迈气质，展现出"生当作人杰，死亦为鬼雄"的伟大斗争精神。

陈然烈士

气节，是中国知识分子优良的传统精神。什么是气节？就是孟子所说的"富贵不能淫，贫贱不能移，威武不能屈"的这种气势磅礴的精神。也就是《礼记》上所提出的"临财毋苟得，临难毋苟免""见利不亏其义，见死不更其守"的这种择善固执的精神。

在我们的历史上，有许多先贤用头颅、热血、齿、舌，在是与非、真理与狂妄、正义与罪恶、善良与暴戾之间，筑起一座崇高的界碑!这界碑指引着历史走向进步的一边!

在灾难降临的时候,他们不妥协、不退缩、不苟免、不更其守!固执着真理去接受历史的考验!

在平时能安贫乐道,坚守自己的岗位;在富贵荣华的诱惑之下能不动心志;在狂风暴雨袭击之下能坚定信念,而不惊惶失措,以至于"临难毋苟免",以身殉真理。

这是一篇题为《论气节》短文里的内容。这篇短文,发表于1947年重庆《徬徨》杂志第五期"小论坛"栏目中。文章发表后,因其气势磅礴、大义凛

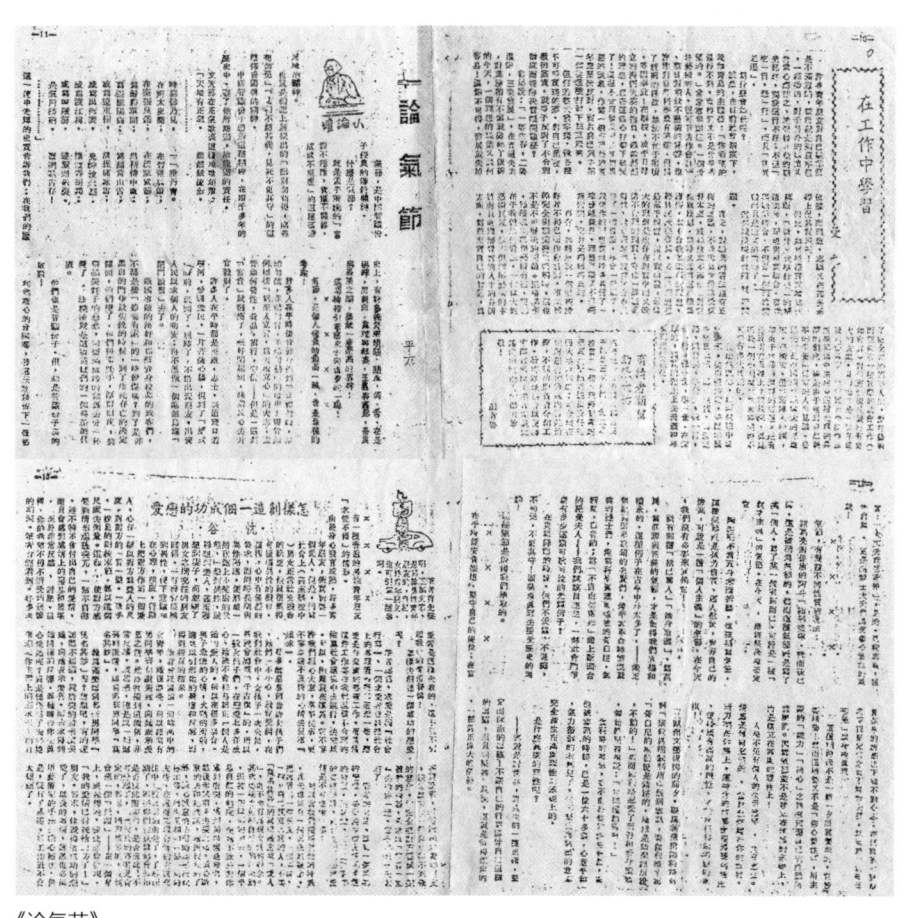

《论气节》

然，读者反响强烈，纷纷给编辑部写信，要求与作者建立联系、交朋友、探讨人生。文章的作者是谁呢？红岩英烈陈然就是其中之一，当时在重庆南岸野猫溪中国粮食公司机器修理加工厂任管理员。

陈然原名陈崇德，祖籍江西，1923年12月28日生于河北省香河县。父亲是海关小职员，先后在北京、上海、安徽、湖北、重庆等地工作。陈然也随父辗转各地生活、求学。1938年，陈然在湖北宜昌参加抗战剧团，在抗日救亡宣传工作中，接受了革命教育，经过实际工作锻炼，1939年在抗战剧团加入共产党。1940年，国民党顽固派发动第一次"反共"高潮，剧团内党组织撤离，陈然也因父亲工作调动，随家迁居重庆，党的组织关系转到中共中央南方局。

1942年，因躲避特务抓捕失掉组织关系。失去组织联系后，陈然仍然自觉地履行一个党员的职责，通过学习《新华日报》《群众》周刊等领会党指示的斗争方向，主动深入到工厂、码头与工人群众交朋友，启发他们的阶级觉悟。

1945年初，陈然积极响应党号召的"民主青年"活动，办"读书会"，团结周围的进步青年，共同学习、探讨进步思想和理论。抗战胜利后，他积极参加反内战、争民主的斗争，表现英勇。

1946年，全面内战爆发，中国社会处在"向何处去"的重大转折关口，相当多的青年，思想状况也因政治局势的复杂和自身前途的茫然而显得苦闷与彷徨。在新华日报社的领导下，陈然与刘镕铸、蒋一苇等进步青年创办了

刘镕铸

蒋一苇

《彷徨》杂志，以小职员、小店员、失学和失业青年等为对象，以谈青年切身问题为主要内容，形式上是"灰色"的，但内容是健康的，以此联系更广泛的社会群众，发展和聚集革命力量。1947年1月1日，《彷徨》出刊后，大量读者来

《彷徨》杂志

信，倾诉种种不幸遭遇，以及个人生活上、思想上的苦闷。陈然担任编辑部的"通联"工作，利用业余时间答复读者来信和到新华日报社取稿，常常工作到深夜，为杂志和读者呕心沥血、不遗余力。杂志创刊两个多月后，一个突发事件的降临，改变了陈然的生活轨迹。由此，在中国革命史上，陈然写下了自己独特的篇章。

1947年2月28日，这天一早，陈然和编辑部的同事都没有收到当天出刊的《新华日报》。最初还以为报纸又被扣了，但不久就得知真相：第十八集团军办事处和新华日报社被国民党当局查封了，所有公开的中共人士都被遣返延安。这个突发事件打断了《彷徨》杂志与新华日报社的联系，陈然他们也与领导群众团体的上级党组织失去了联系。陈然与同事们在失去党组织领导的情况下，坚持以《彷徨》杂志为阵地，自觉地担负起传播进步思想、文化的社会责任。随着国民党当局的白色恐怖愈演愈烈，一些曾经进步的人消极悲观起来，有的甚至投向反动阵营。针对这种现象，陈然和同事们合作，发表了名为《论气节》的文章，颂扬"那种'舍己为人''舍生取义'，为万民、为真理与正义的气节"，建立在"对世界、对人生的一种正确、坚定而深切的认识"的高度理性基础上的，"不让自己的行为违背自己这种认识，而且能坚持到最后"，"值得崇尚的、一种真正伟大的气节"。

虽然鼓励读者勇敢地面对黑暗和恐怖，但陈然他们自己却陷入了深深的苦闷中。为什么呢？

自从重庆《新华日报》停刊后，重庆的政治生活顿时陷入一片沉闷压抑

的氛围中，当局实施的白色恐怖和新闻封锁政策，使进步的人们了解革命进程的渠道断绝了。

1947年4月底的一天，《彷徨》杂志社的邮箱收到一大卷香港地区寄来的邮件。那卷香港地区邮件是新华日报社出版的《群众》周刊香港版！后来，又收到了香港地区党组织寄来的《新华社电讯稿》油印件。

党没有忘记我们。"应当把这些消息传播出去！"

刘镕铸（开明书局职员）牵头负责整个工作及资金和物资保障，蒋一苇（《科学与生活》及《彷徨》杂志主编）编辑、刻写，陈然印刷，发行则由三人分别负责，起名叫《读者新闻》。后来，《彷徨》杂志的工作人员吴子见（地下党员）等也加入进来。大家觉得小报应该有一个更富战斗性的名称。在讨论这个问题时，提了十几个名称都不满意。吴子见说，他有个朋友读了小报后很高兴，但也觉得名称有问题，建议改名为《挺进报》，"挺进"二字可以有两层含义：一层，纪念刘邓大军挺进大别山，像一把钢刀插进敌人的心脏；二层，象征革命者挺胸向前，任何敌人都阻挡不了！大家一致同意，并决定把《读者新闻》第三期改为《挺进报》的创刊号。

地下党员吴子见将整个办报情况汇报党组织后，重庆地下党市委立即决定《挺进报》作为机关报在党内秘密发行。

1947年10月，市委决定《彷徨》杂志停办，建立《挺进报》特别支部，由刘镕铸任特支书记，并且接上陈然党组织关系，由他担任《挺进报》特支组织委员，吴子见参加工作。1948年春，彭咏梧赴下川东开展武装斗争，由市工委常委李维嘉接替领导《挺进报》工作，同时发展蒋一苇入党，担任特支宣传委员。

作为地下党重庆市委的机关报，《挺进报》主要在地下党组织和进步群众中传看，通过邮局和地下党的秘密交通渠道发行。

《挺进报》在国民党封锁舆论消息、黑云压城城欲摧的山城重庆秘密地应运而生。地下党组织成员通过《挺进报》向进步群众和相联系的党相关组织传播共产党的信息，传播人民解放军前线党的消息。它就像黑夜中的一盏明灯照亮国统区。

但是,《挺进报》后来在发行工作上出了问题。

史料记载:《挺进报》是《新华日报》撤走后,重庆市委创办的地下刊物,在地下党员和进步群众中产生过巨大影响。1948年春,根据川东临委决定,改变《挺进报》的发行方针,从以对内发行为主转为以"政策攻心"为主,主要寄给敌方大小头目,对敌人造成很大的震动。《挺进报》的发行和大量地寄到公司、行庄、商店、学校以及国民党顽固派的各种机关里,引起了以西南长官公署第二处为首的特务机关的注意。国民党国防部和长官公署下达命令,限期破获《挺进报》。

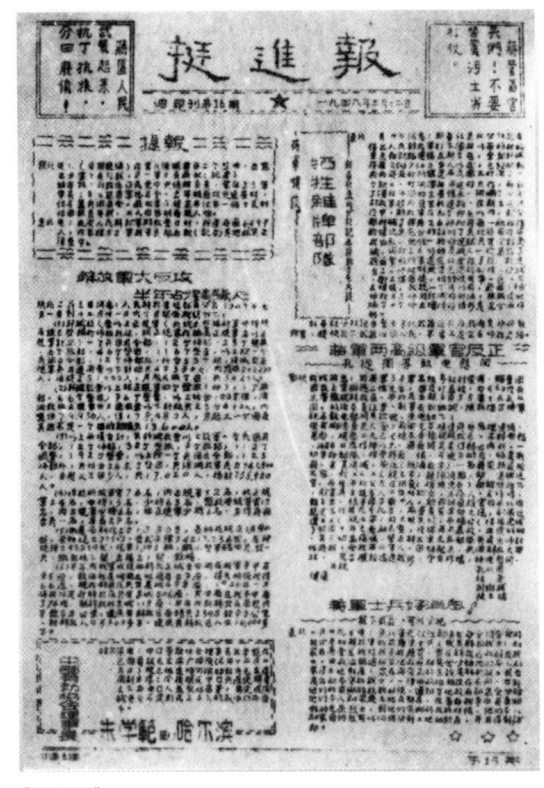

《挺进报》

1948年3月下旬的一天,重庆行辕主任朱绍良在办公室看见《挺进报》后大发脾气,责令行辕二处少将处长徐远举牵头与各方会商,务必限期破案。

已有15年特工生涯,33岁的徐远举接手此案也是感到非常地棘手。重庆解放后,他在北京功德林看守所改造期间写的一份《血手染红岩》的材料中记述:

限期破案对我来说是一个沉重的压力。顶头上司的震怒,南京方面的责任,使我感到有些恐慌,也有些焦躁不安。当时特务机关的情报虽多如牛毛,但并无确实可靠资料,乱抓一些人又解决不了问题,捏造栽赃又怕暴露出更多的麻烦。我对限期破案不知从何下手,既感到愤怒、恼怒,又感到束手无策,但在无形战线上就此败下阵来又不甘心。

徐远举认为:要破坏共产党的《挺进报》,跟踪、搜查,完全是大海捞针,无的放矢。唯有打入共产党内部,堡垒必须从内部攻破!

于是,他制订了一个红旗特务计划,最终破获了地下党的《挺进报》!

所谓红旗特务,就是特工掩盖身份伪装成学生、工人乃至失业青年等各阶层人员,跟周围的人打成一片,做一些进步的事情、说一些进步的话,迷惑群众、搜集蛛丝马迹汇总分析,寻求突破口。

保密局重庆站有个红旗特务李克昌,很狡猾又能吃苦,长期"深入下层",徐远举很是欣赏,评价他是重庆站工作最出色的。

当年,民盟重庆市委办了一个文成书店,地下党员陈柏林在书店里做店员。这个书店也是地下党收发《挺进报》的一个据点。

李克昌派遣红旗特务姚仿桓对书店进行侦察。他假装读者进出书店,看书买书,最终他发现这里是地下党的一个据点。

为摸清陈柏林的情况,李克昌另派一个红旗特务曾纪纲,假扮失业青年,经姚仿桓介绍认识,接触陈柏林。

曾纪纲伪装成失学青年,为了完成学业到书店看书学习。书店一开门他就拿本书看,看到中午吃块馒头继续学习,看到晚上书店关门仍不愿走。一天两天,如饥似渴,发奋努力学习的伪装,骗取了陈柏林的好感。多么好的青年、多么追求进步的青年。陈柏林认为如果把他发展为自己的外围成员,协助自己做书店的工作,一定是得力助手。

因此,陈柏林就不断地向他的上级任达哉反映:希望对曾纪纲进行考察。

问题就出现在陈柏林的上级、地下党交通员任达哉,未经组织批准同意,他擅自做出决定:对曾纪纲进行当面考察。

陈柏林

1948年4月1日下午3时,在约定的时间和地点,任达哉一去即遭到国民党特务的逮捕。面对曾纪纲的指认,任达哉才发现自己受骗上当了!他非常痛恨自己:为什么要未经组织批准同意来考察发展成员?好在今天是他一个人出了问题,没有影响到组织。于是,他决定决不再错上加错,一定不能再出问题。

　　徐远举立即组织特务对任达哉审讯。但是,面对特务的威逼利诱,面对特务的淫威酷刑,任达哉就是咬紧牙关、紧闭双眼,一言不发,死死地忍着……

渣滓洞看守所审讯室

　　气急败坏、疯狂的特务拳打脚踢将他打倒在地,扯去他的衣服裤子,一个特务骑在他身上,揪住他的生殖器使劲地乱捏,弄得他大小便失禁,口吐白沫,但他仍然不开口说话,弄得特务无计可施。

　　军统驻渝站长李克昌说:"别乱整了,把人整死了,什么也得不到!"李克昌叫人把任达哉的衣服穿好,扶他坐在靠椅上,盯住他想:怎么才能够使

渣滓洞看守所全景

他开口说话？

盯着任达哉，李克昌在想办法，一定要让他开口说话，不然案子破不了啊！突然，他发现不对呀！这人怎么看起来这么面熟啊？他猛然想起，对了，这个人曾经是我的一个情报通讯员！

他马上回办公室查档案，找资料，最后从国民党军统社会情报通信员的登记表当中，把任达哉的一张表格给找出来了，上面有他的签字、履历和照片。

这是怎么一回事呢？

在抗战期间，重庆地下党组织执行"隐蔽精干、长期埋伏、积蓄力量、以待时机"的16字方针。任达哉自谋职业，先在民主报社当了一个排字工人，收入不足以养家糊口，四处谋取第二份职业参加了3458信息研究所的培训工作，填表、登记、照相后才发现是国民党军统的社会情报搜集工作。他已经无法脱身了。后来一想，管他什么工作，只要有钱，能过日子就是上策。在其后时间里，他多次领津贴和补助，但是没有参加特务活动，也没有向军统提供过任何情报资料，连自己曾经是地下党员都没有说明。李克昌认为这小子只拿钱不干活，就没再使用他，把他给边缘化了。抗战结束后，地下党组织恢复活动，党员接受组织的甄别。任达哉却隐去加入军统社会情报通信员这段经历。随后，恢复了党籍又担任了地下党的交通联络员。

就是这位不曾在严刑逼供下出问题的他，毁于这张对组织没有说过实话的登记表。

李克昌拿着登记表再次对任达哉进行审讯。"任同志，你早点说清楚是我们的人，我们干吗这么收拾你？"任达哉目瞪口呆，"我怎么成为你们的人了？"李克昌拿出登记表说："你看看这上面的照片、履历、签字、手印，是不是你自己的？"任达哉目瞪口呆，不知所措！

随后，李克昌一句话将他彻底击溃："任同志，我要把这张表给你公布出去，你算什么东西？你就是长期卧底共产党内部的内奸。你们党怎么锄奸，你比我清楚。现在除了跟我合作，你没有其他路可选择……"

就这样，不曾在淫威酷刑面前出问题的任达哉，一下子被这张未曾向组织说的登记表给彻底打垮了！他出卖组织，交代出地下党的交通联络站，是导致地下党组织大破坏的开始！

史料记载："1947年10月，川东临工委书记王璞同志从上海钱瑛同志处带回重庆的任达哉的组织关系""有些红""确做了很多工作"。

根据脱险志士傅伯雍介绍："任达哉被捕后，先是抗住了敌人的严刑拷打。他是敌人抓到的第一个认为有价值的人！任达哉没有畏惧酷刑，甚至是死亡的威胁，弄得审讯难以有突破。"

地下党工委书记、叛徒刘国定交代："……1947年11月由上级党组织交下的关系（是否为党员都未交清楚），可能由以前《新华日报》老杜联系的赤色群众关系。但原为军统局通信员，与军统有联系。1948年3月本决定将其撤退（当时并不知道他有特务关系，只是已认为他暴露）以移交关系稽延……"

"移交关系稽延"，就是说：因为其他事情给耽误了！这一耽误就形成了带病使用干部！一个非常严重的教训！

任达哉叛变，供出地下党上级是杨清。

4月4日，化名"杨清"的地下党工运书记许建业（志诚公司会计）被逮捕。被捕后面对徐远举的刑讯逼供坚不吐实。面对这位"气宇昂扬，有革命英雄气概"的志士徐远举毫无办法。

一筹莫展的徐远举在有些绝望的时候，突然得到白公馆看守陈远德的报告：许建业给他3000块钱，要他送信到志诚公司交给一个叫刘德惠的人。

突然被捕的许建业担心被抄家，发现他未及时销毁的工人入党申请书和一些党内文件。他送信给志诚公司的刘德惠，让他到自己家里边去把床下箱子里边和枕头下面的东西全部烧掉。

但口蜜腹剑的陈远德没有把信送出去，反而报告了徐远举。

4月5日，从许建业住所中搜查，得到一批地下党文件和名单，造成一批人被捕。

徐远举又封锁志诚公司，准进不准出。

4月6日，终于抓到一个承认为许建业送过信的刘国定。

从刘国定说漏嘴的线索，抓到了应该转移而未及时转移的李忠良。

李忠良叛变，牵出另一个地下党领导人"老张"。

4月17日，"老张"被捕，承认真名叫冉益智，是地下党市工委副书记。冉益智供认，那个送信的刘国定就是市工委书记。

刘国定叛变，案情进一步发展。特务们由被动变为主动，迅速打开了缺口，中共地下党组织完全暴露。

在这一系列的突发变故情况下，地下党市工委常委李维嘉立即告知《挺进报》陈然，要他立即转移。

陈然住所《挺进报》印刷地

陈然接到警报信，上面写着："近日江水暴涨，希弟速买舟东下，祝一路顺风，沿途平安。"

地下党出事了！为了迷惑敌人，陈然立即赶印《挺进报》，照样寄出去给国民党党政军机关，这表明地下党仍然在战斗，《挺进报》仍然在发行。陈然连夜把新一期《挺进报》印刷完成，包装好。正准备送出去的时候，他听见有人以查户口的理由在敲门，隔窗又看阁楼下人声异常，感觉情况不对，准备翻窗跳楼逃跑，但为时已晚。窗外楼下围守的特务，见楼上窗户吊着人影，咋呼起来，已蹿上楼的特务闻声撞破房门，陈然被捕了。

在行辕二处，徐远举终于见到了令他长期坐卧不安、烦恼无尽的中共《挺进报》特支代理书记陈然。陈然给他的第一印象是：态度非常沉静，"娴静得像一个大姑娘一样"。但两人一交锋，徐远举不得不承认，陈然不好对付，"斗争非常英勇"。

罗广斌在《关于重庆组织破坏经过和狱中情形的报告》中描述陈然被刑

讯的结果说：刑讯下，他承认《挺进报》是他全部负责，上级姓李，不知住何处。二处拿李的照片给他看，他说"不是"。从陈然那儿没有人被捕，而且他态度也很倔强，问了两三回后，就不再问他了。后来徐远举对人说他的案子很复杂，而他又很不坦白。

通过罗广斌的报告，我们看到一个敢于斗争，并且善于斗争，一个在狱中也能创造奇迹的陈然！

由于叛徒的恶劣影响，重庆地下党遭到严重破坏，狱中的革命者，对此进行了深刻反思、认真讨论和系统总结，形成了著名的"狱中八条意见"，由罗广斌写进报告中，成为之后我党加强组织建设和执政能力的重要参考。陈然积极参加了这个"狱中的共产党员能为党做的有意义的工作"。例如，陈然回顾参加革命后的经历，认为组织上教育引导党员做得还不够，对自己未及时转移而被捕，分析原因说，在尖锐复杂的地下党斗争中，革命者往往凭原始热情冲锋，缺乏足够机智的方法和策略。"革命者的原始热情"，在陈然那个时代表现得很充分，一大批地下党员凭着纯朴的革命热情，在极度艰苦的环境中坚守党的事业。重庆地下党晚期负责人之一卢光特回忆，有一个地下党员，抛弃优裕生活，服从组织安排，去云阳乡下开展工作。当时对党员的安排，一般是"管工作不管饭"。这位同志以小学教员为职业掩护，收入极低，经常饭都吃不饱。每次到重庆汇报工作，更是无钱乘车、乘船，就步行一千多里路，无怨无悔。卢光特说，这样的同志、这种境界，在当时很普遍，而且都不觉得有什么特别，想的只是为党工作是应该的。

但是，党的工作是一个严密的系统，仅凭精神和干劲是不够的。陈然在危急时刻，坚守岗位，不怕牺牲，大义凛然，精神足为后世楷模，但在复杂、尖锐的斗争中不重视把握技术细节，其后果也是严重的。从历史过程看，陈然接到警报信后，有足够时间转移脱险。"保存自己，消灭敌人"这个正面战场的原则同样适用于地下战线。相比较，很多经验丰富的同志，之所以能安全脱身后继续斗争，除了"运气"外，无一不是"伺机而动"。斗争残酷，你死我活，保存革命有生力量，无疑必须放在首位。斗争中的技术细节，固然由党员个体机动运用，但组织上给予足够的引导和教育也是极其关键的。所以，陈然总结说："我们像矿砂一样，是有好的成分，但并没有提炼出来"。

陈然的积极参与，成为"狱中八条意见"的重要来源。

陈然被叛徒出卖，痛恨叛徒无以复加。在未接触到叛徒之前，他怎么也想不到，自己竟然会主动关心、帮助叛徒。在白公馆，陈然遇到了叛徒涂孝文。涂孝文造成江姐等一大批革命者被捕遇害，罪孽深重。但陈然发现，涂孝文还残存一丝良知，陷于痛悔与自弃的矛盾心理中，就和其他革命者主动去与他交谈沟通，关心帮助。为什么要这样做呢？

罗广斌的报告记录道：在狱里，也许更容易了解通过考验的不容易，所以陈然、王朴、刘国鋕等对涂仍然非常关心并接济他，希望他坚守"最后防线"——不再交人和参加工作。

当时，特务对待地下党员的手段，是要过"三关"：第一关，叫作"改变思想"，结果是自首；第二关，叫作"交出组织"，结果是叛变；第三关，叫作"参加工作"，结果是当特务。而被捕的地下党员，把顶住这三关，相应地叫作"守住三道防线"。现在，涂孝文失守了第一道防线，第二道防线还没完全失守，因为他还有很多情况没有交代。陈然他们就是要帮助这个叛徒守住剩下的防线，以减少革命的损失。最终，下川东地委书记涂孝文守住了最后的两道防线，没有再出卖组织情况。

1949年12月，罗广斌在重庆临江路介中公寓里，书写《关于重庆组织破坏经过和狱中情形的报告》时，想到陈然，不仅敬佩，而且感激。如果没有陈然，罗广斌很可能在11月27日的大屠杀中就已经死于乱枪之下！

因为，帮助罗广斌组织人员在大屠杀之夜越狱脱险的看守杨钦典，受过陈然的长期感化教育。

革命者在狱中很注意琢磨看守人员的情况，平日观察看守人员的言谈举止，伺机进行策反，争取其能在关键时刻提供帮助。革命者暗中分成小组，分头开展工作。陈然负责的其中一个对象就是杨钦典。

杨钦典，河南人，出身贫寒，当时不到30岁，却已长期混迹军旅，既有服从、效忠的军人习性，也有北方人的豪爽、倔强性情。因不善逢迎巴结而不受重用，倒霉受气跑不掉，升官发财却没份，日常不免流露一些不满。他的细微点滴，都没有逃过陈然的眼睛。陈然是河北人，跟杨钦典年龄相近，就拉起北方"大老乡"关系，谈乡情，拉家常，再讲为什么有贫有富，进而讲党的宗旨、方针和政策。长期的循循善诱，再加上陈然直爽刚烈的性格，杨钦典对陈然很敬佩、很信任，同时感到共产党与长官宣传的完全不一样，都是大好人、是汉子。在陈然的感召下，杨钦典从心底里愿意帮助狱中革命者。值班时，有意延长放风时间，"政治犯"互传消息，也视而不见，后来还冒险为难友转达消息，从狱外带回药品、食品等。特别是陈然的牺牲，对杨钦典触动极大。这么好的人，政府都要杀，这个政府、这个社会真是太坏了！杨钦典对陈然是真有感情了，罗广斌报告中一句简短记录可以证明：

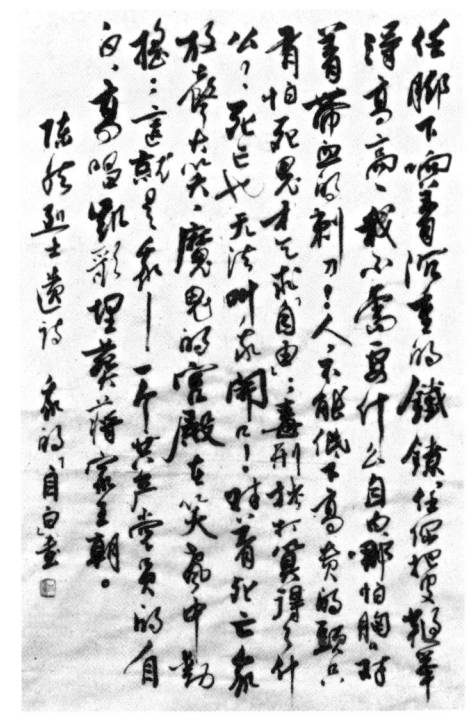

陈然《我的自白书》书法作品

陈然牺牲后，他（注：杨钦典）对我说："小罗，你要软一点，如果徐远举问你，你不要太硬了。以后，要好好照顾陈然母亲，妹妹。"

正因为有陈然的工作积淀，才有大屠杀之夜杨钦典私助19人越狱脱险的奇迹发生。

陈然以他巨大的影响，拯救了19个人的生命，但他却在重庆解放前夕，为理想、信念和追求、奋斗的事业，献出了年轻的生命。

1949年10月28日，陈然、王朴、成善谋、蓝蒂裕等10人，被国民党重庆警备司令部公开枪杀于大坪刑场。

　　小说《红岩》成岗的原型人物就是陈然，那首《我的自白书》脍炙人口：

　　任脚下响着沉重的铁镣，任你把皮鞭举得高高，我不需要什么"自白"，哪怕胸口对着带血的刺刀！

　　人，不能低下高贵的头，只有怕死鬼才乞求"自由"；毒刑拷打算得了什么？死亡也无法叫我开口！

　　对着死亡我放声大笑，魔鬼的宫殿在笑声中动摇；这就是我——一个共产党员的"自白"，高唱凯歌埋葬蒋家王朝！

　　陈然在《挺进报》工作中表现出来的追求和贡献，在狱中的斗争和临刑前的壮烈，他的思想品质和气节，都在这首诗中得到充分展现。

　　陈然决不低下高贵的头，他短暂的一生，体现了伟大的建党精神——敢于斗争，不怕牺牲。

★**阅读思考：**

1.《挺进报》被国民党特务破获，我们应当怎样总结这段历史经验？
2."堡垒从内部攻破"是特务徐远举破坏《挺进报》的策略，从中我们应该怎样认识加强党的组织纪律建设的重要性？
3.革命烈士在严刑威逼下不出卖组织、交代同志，是由于他们有坚定的理想信念，有对党组织的绝对忠诚！加入共产党组织是一个人在政治上做出的选择，我们应该怎样做到对党组织的忠诚？
4.今天没有了那种监禁、酷刑的考验，但是面对各种诱惑，怎样做到思想上不脱党？怎样不放弃严于律己？怎样做到对组织保持敬畏之心？

罗广斌：
许党报国，肩负重托

许党报国、干事担当，让烈士的精神传播，并以此为人生目标是红岩脱险志士罗广斌生命最好的写照。

他为新中国革命文化的发展作出了贡献，更为树立革命英雄主义为大众提供了学习、崇拜的榜样。

罗广斌，是封建富豪家族的反叛者；是那场面对屠杀、关押在监狱中的革命者讨论总结地下党失败经验教训的亲历者；是从大屠杀中越狱脱险的幸存者之一。

罗广斌

罗广斌，1924年出生于四川成都一个封建地主家庭，有同父异母一兄一姐。其哥哥就是驻扎在四川境内的国民党第十五兵团司令长官罗广文。罗广斌说过："家庭是封建保守、顽固反动派。小时候过着优裕的生活。一直到高中，对政治没有丝毫认识，对封建家庭也没有不满"。

1939年2月，为躲避侵华日机轰炸，罗广斌随父母从成都迁到洪雅县城，这期间他与一个平民家庭的女同学小牟相爱了。但是，罗广斌的初恋遭到父母强烈压制，认为"有辱家风"，不准说话，不准会面，不准写信，不准随便外出！重庆解放后罗广斌在自传中说："原来以为家庭很爱自己，一定会同意的，但家庭却坚决反对，理由是不能门当户对。第一次，我才开始看清楚了封建家庭和封建社会的毒恶，对年青人的专横控制和压迫。"

就在罗广斌深为恋爱问题苦恼、看不到出路之时，认识了同乡马识途。马识途是1938年入党的中共地下党员，当时在西南联大负责学运工作。他告诉罗广斌："自由恋爱是青年自己的权利。"罗广斌第一次感觉到"权利"两个字的含义和分量！对人生、社会有了一种全新的感觉。在一次为恋爱问题与父母的矛盾中，处于青春叛逆期的罗广斌彻底爆发了，甚至与父亲打了一架，然后愤然离家出走了！

1944年春，他在马识途的帮助下考入西南联大读书。

在西南联大，罗广斌一边学习一边参加地下党组织的进步学生运动。罗广斌是一个性格热情、斗志昂扬、充满着激情的人，在反内战学生运动中，他所表现出的热情和组织能力受到同学认可，被推选为"学生罢课委员会主席"。1945年12月1日，国民党军警数百人镇压西南联大、云南大学等校的反内战学生运动，制造了学生惨死4人重伤20多人的惨案。在"一二·一"学生运动中，罗广斌第一次亲历了大规模斗争，承受了暴力的棍棒，目睹了反动派的血腥暴行！严酷的现实使他对反动政权极端仇恨，他说："血，是恨的种子！"实际的斗争也使他开始懂得革命的含义。由此，他从一个追求个性解放的青年转变为奋斗于改变社会的革命者。

由于过多抛头露面，罗广斌受到特务监视和跟踪。1946年3月，罗广斌跟随马识途撤离昆明，到地下党办的云南建水县健民中学，一边教书，一边做学生的革命启蒙工作。

1946年秋，马识途担任中共川康特委副书记，罗广斌又随马识途回到成都，继续在马识途领导下协助做学生工作。

1947年春，23岁的罗广斌考入重庆西南学院，学习期间，由当时在《新华日报》工作的地下党员齐亮领导继续从事学运活动。这个时期的罗广斌注意克服好冲动、不善于掩护的缺点，在工作中更加理性，被同学们推选担任新闻系学生会主席。

经过地下党几年的教育培养和锻炼考察，1948年3月1日，罗广斌由江竹筠、刘国鋕介绍加入中国共产党。

同时，组织上决定让罗广斌的恋人小牟来重庆，帮助她进步，培养她一起参加地下党工作。

"爱人要见面了，苦恋终于结束了！"但是这种兴奋和期待的甜蜜，迅速被地下党组织遭到破坏的残酷现实所毁灭。4月，就在离小牟到重庆只剩几天的时候，组织上紧急通知罗广斌与一些同志疏散到秀山中学以教书为掩护开展工作，并且按纪律立刻断绝与外界的一切通信往来。

罗广斌不得不在感情和纪律之间作出痛苦的选择！服从组织安排，离开重庆转移到秀山。他彻底地失去了自己的初恋。

1948年7月，地下党决定罗广斌回成都与家庭恢复关系，利用自己的特殊身份去做上层统战工作。罗广斌无条件服从了组织安排，回到成都家中，主动向父母认错，并得到他们原谅。安顿就绪，正当这位"幺老爷"紧锣密鼓地筹划如何开展工作时，他在家中突然遭到国民党特务逮捕。

是什么原因造成罗广斌被捕呢？

原来，几个月前批准罗广斌入党的原重庆地下党市工委副书记冉益智叛变后出卖了罗广斌。冉益智告诉徐远举：罗广斌是国民党第十五兵团司令长官罗广文的弟弟。于是，徐远举约请罗广文秘密谈话。得知罗广斌参加地下党活动情况后，罗广文当即表示：谢谢徐处长相告，他兄弟是同父异母所生，因家庭溺爱，非常调皮，到处乱跑，家庭对他管教不了。罗广文还将成都的家庭地址告诉徐远举，要他把罗广斌带去好好管教管教。

1948年9月，罗广斌在成都被捕，随即被送到国民党重庆绥靖公署二处渣滓洞看守所关押，他面临着人生的考验！

在渣滓洞看守所，二处法官张界、中校特务叛徒冉益智和二处处长徐远举反复提审了罗广斌。开始，特务还想从罗广斌这里挖地下党的线索，当时罗广斌入党才几个月，还在候补期，完全缺乏对付特务审讯的经验，用他自己的话说："刚进牢，只有一个感觉，就是'度日如年'"，而且"并没有为了人民的革命事业，牺牲自己的绝对明确的意志"，但他牢记马识途教导过的：在这种情况下不要承认身份，"不管直接、间接影响别人被捕，都算犯罪行为！"所以，罗广斌抱着一个念头："不影响任何朋友"，始终不承认共产党员身份,当然也无组织可交。可是特务完全知道他的党员身份,因为批准罗广斌入党的就是没见过面的领导——已叛变的冉益智。

冉益智曾经看过罗广斌为申请入党写的《自传》,并且能背诵《自传》的一些内容。所以冉益智来劝降时,一见面就微笑着说:"你为了反抗家庭对自己婚姻的干涉和压制,1944年离家到昆明在西南联大学习读书,在马识途的引导、帮助、教育下,参加'民青社''六一社'和抗暴活动等等。"听到这些非常熟悉的话语,罗广斌惊呆了,这不就是自己申请入党时所交《自传》里写的内容吗?这是他们第一次见面,特务曾介绍冉益智原来是地下党市委副书记,罗广斌本来不信,现在他不但相信眼前这个人就是他原来的上级市委领导,还非常肯定眼前这个叛徒就是出卖他的人!罗广斌非常愤怒,同时痛心党内竟然有这样无耻的"上级"!但他很快冷静下来,想出对策。

罗广斌冷静下来后判断,按照地下党纪律,申请入党的《自传》审查通过后就应该被销毁,因此,冉益智拿《自传》内容与他对质,逼他承认党员身份,他就反驳说:

"你说我写有什么入党《自传》,那你拿出来呀!对对笔迹,看看是不是我写的。"

冉益智当然拿不出来了,只好软硬兼施地说:"政府讲天理国法、人情,

渣滓洞看守所

徐处长说你只要'稍微表示一下'态度,就可以交你哥哥教管。留得青山在,哪怕没柴烧。你喜欢自然科学,即使不当党员,将来仍可作技术性工作为人民服务嘛。而且,人都是动摇的、矛盾的,你不要过分坚持,免得以后玉石俱焚!"

不管怎么说,罗广斌就是不理睬冉益智。

后来,徐远举亲自出马审问,这时,他对罗广斌的要求已经很简单了。他假装大度地笑着说:"你承不承认党员身份都无所谓,事实摆在那里,不承认也没有用!你的上级已经把你交代出来了,你只是个候补党员,对我并不重要。我只是看在你哥哥分上,给你个自新的机会。我和你的哥哥罗广文交情不错,他现在是党国的栋梁,希望你不要使他为难。为你的事,我专门给罗长官写了一封信。"说着,徐远举递过来一封信的底稿,上面写着"令弟年幼无知,误入歧途……若稍知悔悟,即行优先予以自新机会"等等。

"怎么样?"徐远举说,"不看僧面看佛面。你只要写个悔过书,承诺不再参加政治活动,马上就可以放你出去!"

"我为什么要'悔过'?我又没做什么错事,无过可悔!"罗广斌犟着头回答。

徐远举耐着性子继续劝道:"小罗啊,阶级斗争是很残酷的。共产党讲阶级,讲成分,你的出身就不好。现在共产党正在搞什么'三查三整'运动,你的出身就属于这个运动的对象。你现在为共产党卖命,将来就算共产党得了天下,还是不会要你的,千万不要执迷不悟啊!"

罗广斌还是那句话:"无过可悔!"

看到罗广斌的强硬态度,徐远举恨不得一枪崩了他,可想到罗广文同意逮捕时,打招呼让"管教管教",死了、伤了都不好交代,只好忍下一口气,给罗广斌戴上脚镣,且让他吃点皮肉之苦以示惩戒。

没几天,完全不把渣滓洞看守所看守长徐贵林放在眼里的罗广斌,终于被徐贵林抓住了把柄:与刚入狱的齐亮搞串联,严重违反监规。于是,罗广斌又被加戴了一副铁镣。"别以为是罗广文的弟弟我们就不敢管,老子一样的要整!"徐贵林恶狠狠地对罗广斌说。

戴着两副脚镣，难友们对这个罗广文的弟弟、公子哥罗广斌就刮目相看了。

江竹筠给他写了一张条子鼓励他："毒刑、镣铐，是太小的考验！"

罗广斌为了表示自己决不屈服的态度，写了"自白"书交自己的入党介绍人江竹筠并转全体难友：

望着脚上沉重的铁镣，
我没有什么须要自白。
就拿起皮鞭吧，
举起你们的尖锐的刺刀吧！

我知道，你们饶不了我，
正如我饶不了你们一样。
毒刑、拷打、枪毙、活埋，
你们要怎么就怎么干吧！

是一个人，不能像狗样的爬出去，
我恨煞那些怕死的东西。
没有同党，什么也没有，
我的血肉全在此地！

就拿起皮鞭吧，
举起你们尖锐的刺刀吧！
望着脚上沉重的脚镣，
我没有什么须要自白！

罗广斌的诗，很快在渣滓洞传开，全体难友都受到很大激励，也使个别动摇变节分子非常难堪，他们向徐远举告密说：

"渣滓洞管理得不好，这样下去连混混都要关成共产党的！"

另一方面，徐贵林见两副脚镣也没打掉罗广斌的"气焰"，又沮丧又头痛，还怕这个"刺头"弄出更多麻烦，于是报告徐远举：罗广斌太调皮不好管理。

徐远举接到报告，觉得当初真小看了罗广斌，虽然只是共产党的候补党员，却跳得很凶。他背后又有罗广文的关系，不能把他怎么样，渣滓洞关的人多，鱼龙混杂，不能让他在那里挑拨事端。思前想后，他决定把罗广斌转押到关人相对较少的白公馆。

在白公馆，罗广斌重逢了刘国鋕。相似的"豪门"背景，使得双方深深地理解对方的思想和意识。但在监狱这个特殊的地方，刘国鋕仍然要对罗广斌进行再教育。他非常严肃地告诫罗广斌，白公馆是个"雷都打不出去的，轻则终身监禁，重则枪毙"的地方，要有长期坐牢的思想准备。刘国鋕介绍了两个老共产党员：许晓轩和谭沈明，他们二人都已坐牢十年，拒绝了无数次威逼利诱，始终信念坚定。谭沈明说："我们被捕太久，组织上可能已不知道了。但为革命，为了真理，我们要永久坚持下去。"

狱中这个特殊的战场，革命者坚守理想决不动摇的现实，深深地激励鼓舞着罗广斌。

经过渣滓洞的锻炼，罗广斌对坐牢已经不再有"度日如年"和"完了"的感觉，但是坐牢长达十年，还是超出他的想象。接受了刘国鋕的"再教育"，目睹了两个活生生的榜样，罗广斌更加深刻地领会了江姐说的"毒刑、镣铐，是太小的考验！"这句话的深刻含意。

1949年7月19日，罗广斌被告知转押到西南军政长官公署二处。按惯例，白公馆和渣滓洞的囚犯，释放前都要转押到二处以便办理手续。因此，难友们都为罗广斌感到高兴，纷纷祝贺他重获自由。没想到，几天后罗广斌又抱着被盖回来了。这是怎么回事呢？

那天，罗广斌到了二处，被送到副处长杨元森办公室，见到了父亲！

"广斌啊，蒙杨处长关照，你今天就可以跟我回家了。有关手续我们都办完了，你只要签个字就行了。这可多谢了杨处长！"

罗文斌拿起要签字的文书一看，上面写着：兹有本人误受奸党诱惑，经政府训导感化，幡然悔悟，蒙政府宽大不计前孽，准予悔过自新，感激涕零等等。

但罗广斌坚决拒签。

"我知道你多年来一直为牟姑娘的事记恨我，只要你签字跟我回家，以后你喜欢什么样的人我都不再管你。如果牟姑娘还没有结婚，你还喜欢她的话，我和你母亲愿意亲自到牟家去提亲！"父亲有所哀求地说道。

听到父亲这样说，罗广斌完全没想到父亲会以这种方式向自己让步去签字，对性情要强的父亲来说确属不易。

但是，罗广斌坚持无条件释放。

就这样，罗广斌在杨元森办公室几次与父亲相见，大家都无话可说，儿子看报纸，父亲看儿子。最后一次，父亲叹着气放了10个银元在儿子衣袋里就默不作声地走了。罗广斌知道，父亲已经死心了。

"送我回去吧！"罗广斌对杨元森说。

对罗广斌这次经历，曾在白公馆坐牢的《大公报》记者顾建平回忆道：

假如换一个人，家庭境遇这样好，监牢生活这样苦，既然走出这黑狱，就可能考虑到恢复自由的"技术问题"，但他竟不折不扣拒绝低头，而且回到监狱时态度、精神仍然那么正常，毫无后悔怨尤，真难得！真可敬！

不是罗广斌不想自由，不是他不想出狱，但他最看重的是自己的政治选择和对党的承诺：永不叛党！

1949年10月1日新中国成立的消息传到狱中，兴奋不已的他和狱中难友刘国鋕、王朴、丁地平，用一床红色绣花被面做了一面五星红旗。根据想象，他们把一颗大星贴在中央，四周贴上四颗小星，象征着四万万同胞紧紧地团结在党的周围。罗广斌还创作了《我们也有一面五星红旗》的诗：

我们也有一面五星红旗

我们有一床红色的绣花被面，
把花拆掉吧，这里有剪刀。
拿黄纸剪成五颗明亮的星，贴在角上，
再找根竹竿，就是帐杆也罢！
瞧啊，这是我们的旗帜！
鲜明的旗帜、猩红的旗帜，
我们用血换来的旗帜。
美丽吗？看我挥舞它吧！
别要性急，把它藏起来呀！
等解放军来的那天，从敌人的集中营里，
我们举着大旗，洒着自由眼泪，一起冲出去！

可惜，这面红旗未能打将出去。

从1949年10月1日到11月27日被屠杀的最后五十七天，狱中的革命志士从大喜到大悲！

梦寐以求的新中国成立了，为之奋斗的五星红旗升起，革命志士兴奋不已。他们唱歌、跳舞。他们摔碗筷，撕被子。他们狂欢大喊！

他们，希望亲手去抚摸五星红旗！

他们，盼望着能够出狱去建设新中国！

狱中的看守特务都没脾气了，知道共产党要打到重庆，要接管政权了。他们为了给自己留条后路，就告诉"政治犯"：你们最大的可能就是等着共产党与政府谈判，作为"人质"被交换出去。只要你们没有违反监规的行为，牢门我们可以不上锁了，你们就好好地等着吧。

狱中的难友对未来充满了无限希望，他们有的在想自己今后出去继续读书，完成学业；有的盼望出狱后能够回家务农、孝敬父母；有的也在计划去经商办企业，发展工业。更多的，则是在憧憬今后的新社会是怎样一个样子。

1949年10月,蒋介石下令从渣滓洞、白公馆提押出一批"政治犯"公开宣判,公开枪杀!

10月28日,当一批"政治犯"从两所监狱被分别提押出去后,渣滓洞、白公馆看守所那种欢庆胜利的喜悦气氛一下子就变得死一般的寂静。

革命者伤心流泪,捶胸顿足,仰天长啸!革命胜利了我们却要死亡,这是为什么啊?

一个压抑在心中的愤怒声音从每个被关押者的心中迸发而出:

"我们哪一个是违反党的纪律、暴露党的目标被捕的?"

"我们都是被叛徒出卖被捕入狱的!为什么地下党接二连三地出现叛徒,而叛徒又多为我们自己的领导!"

"如果执政后党再出现地下党的问题,我们干吗要去死?我们就死得不得其所!"

为了用死亡捍卫生命的意义,为了用生命表达绝对忠诚,狱中的革命志士强烈地要求狱中党组织同意大家打破一切界限,每个人把自己知道的情况全部说出来,大家一起讨论分析,研究总结地下党领导为什么会一个一个地叛变,要为我党执政留下忠告!

从盼望出狱到面对死亡,从要死得其所到血与泪的嘱托,革命者要用死亡捍卫自己的生命意义,用生命表达自己对党的绝对忠诚。

狱中党组织接受了这个建议。于是,一场关于地下党时期工作经验、教训的总结讨论就这样在狱中展开了。大家从一个一个的人物、一件一件的事情,进行着仔细的讨论、分析和总结,最后向狱中党组织总结了大量的情况。

可是,一个问题出现在大家面前:我们讨论研究分析总结的这么多情况,怎么把它报告给执政了的党?谁能够去完成这个任务?

大家的目光指向了一个人,这就是罗广斌。

为什么大家觉得罗广斌能够去完成这个任务呢?

罗广斌的哥哥罗广文是国民党高官。大家认为国民党绝对不敢杀罗广斌,他是国民党手中控制罗广文的一张牌!

国民党保密局军法处法官张界解放后在交代材料中写道：……记得他被捕的时候是个学生，徐远举的亲信周顺思常在课里谈他的情况……罗广斌被捕后是徐远举和陆坚如问知的……在组织方面的详细生活情况是否谈了出来，犯人记得他没有谈，这一点请求政府最好问问徐远举。他在看守所里精神奕奕，斗志昂扬，丝毫没有生死顾虑，没有说过泄气的话……

1949年11月27日，蒋介石签发了枪杀白公馆、渣滓洞所押"政治犯"的命令。下午6点左右，特务开始分批对两所监狱的革命者进行屠杀。

到晚上9点左右，在白公馆看守所执行屠杀的特务一下子全部撤走，只剩下看守班长杨钦典。罗广斌一看，怎么刽子手全部不见了？是不是解放军来了，特务逃跑了？他发现看守班长杨钦典还在，于是就大声喊："杨班长、杨班长，怎么都跑了？"

这杨钦典原是国民党蒋介石侍卫营的一个兵，由于文化差、脾气大，被降到白公馆当了一名看守。他成天骂骂咧咧，认为自己在军中没有关系，到这来当一个看守班长，一点好处都没有。当他知道罗广斌的哥哥就是罗广文时，就经常巴结讨好他，希望他有机会出狱后，在罗广文面前替自己美言几句，好回到军中带兵打仗，升官发财。

当罗广斌急促追问时，杨钦典如实相告："上面有通知，渣滓洞看守所那边人多，杀不过来，先集中到那边去解决。你们怎么办，我不清楚。"

面对这个千载难逢的时机，罗广斌就对杨钦典做起了攻心策反工作，要求他把最后的十几个人全部放出去。他对杨钦典说："你双手沾满我们革命者的鲜血，别想回河南老家孝敬父母。你连重庆都跑不出去，解放军会抓住你，惩罚你……"

杨钦典当时心里乱七八糟，七上八下。国民党树倒猢狲散，团以上的发机票去台北，营以下的发遣散费，像杨钦典这样的小班长则无人过问，前途

杨钦典

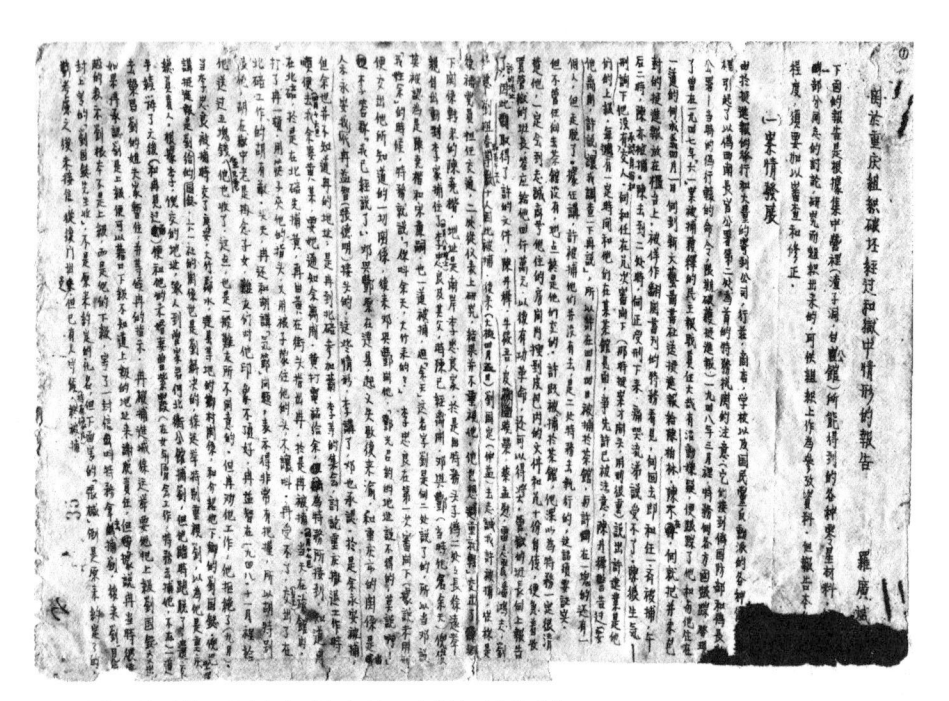

罗广斌整理的《关于重庆组织破坏经过和狱中情形的报告》1

不明。

面对罗广斌等人的强大攻心压力,杨钦典最后横下一条心说:"行!我跟你们一起干!这样,我到楼上去观察一下。如果没有什么情况,我就在楼上跺脚三声,你们自己跑出去。"

杨钦典在白公馆的楼上看见,眼前是一片漆黑,渣滓洞那边枪声不断……他突然猛地抬脚发出三声信号,在楼下的罗广斌立即打开牢门,组织最后19人死里逃生、虎口脱险。

杨钦典因此一举,成为唯一一个参加大屠杀而未被镇压的看守。重庆解放后,他被遣返回河南老家务农。

出狱后的罗广斌不愿与人谈论狱中讨论总结的情况,怕自己讲多了影响记忆的真实,形成主观色彩。他奋笔疾书,整理狱中同志讨论总结的情况,认真地将狱中同志研究分析的情况逐字逐句记录下来,特别是狱中组织对执政了的党所提出的建议。

1949年12月，他将回忆整理狱中讨论总结的情况，形成了一份《关于重庆组织破坏经过和狱中情形的报告》的报告交给了党组织。

这份数万字的报告，是革命烈士对地下党工作经验教训的总结，是死难者对我们党血与泪的嘱托，是我们今天加强党的建设的重要参考，更是我们每一个党员，特别是领导干部不可不汲取的经验和教训。

党组织审阅报告内容后，要罗广斌就报告材料的真实性对党组织写一份保证书。

以庄重严肃的态度，谨向党提出以下保证：从1948年9月10日被捕脱党到1949年11月28日脱险为止，我自己确认在党的培养教育下，一直要求自己具有信心，坚持立场，而且在狱中继续斗争。在敌人面前没有动摇、软弱或损害党的荣誉，也没有叛党、自首、写悔过书、写自白书、影响任何同志被捕，做到了一个共产党员应有的最低修养。我以无比的信心，相信党

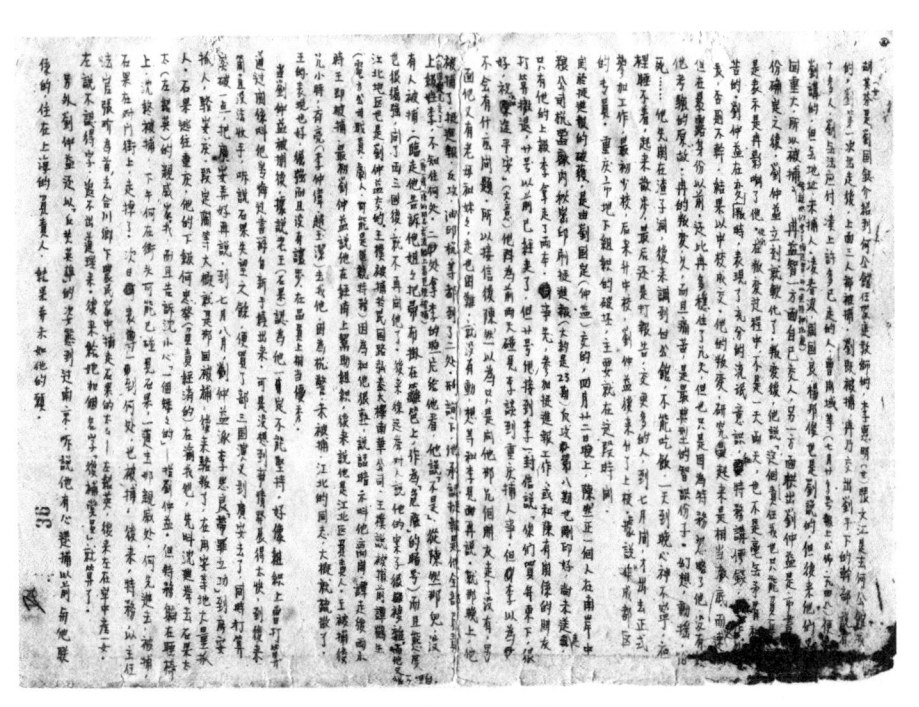

罗广斌整理的《关于重庆组织破坏经过和狱中情形的报告》2

对我的爱护；也以无比忠诚对党负责。保证此前所写的全部材料的真实，党可以根据现有的和将来的资料加以检查，如果在恢复党籍后的任何时间，发现材料上有与事实不符，或者欺骗蒙蔽党的地方，我愿意接受党的任何最严重处分，包括开除党籍在内。

一九五〇年七月三十一日

党组织对罗广斌的这份报告的认定，我们可以从1950年9月中共重庆市委组织《关于恢复罗广斌同志党籍的决定》中得知："……我们认为罗广斌同志所写的材料是可靠的，因此决定恢复罗广斌同志的党籍，至于候补期因罗在狱中经过考验，已具备党员条件，按期转为正式党员，党龄从一九四八年二月一日算起。"

罗广斌的这份报告一共有八个部分——案情发展、叛徒群像、狱中情形、脱险人物、烈士典型、特务屠手、狱中意见、自我检讨，从地下党出现问题的"川东三次武装起义"和"《挺进报》事件"分析入手，对地下党出现叛徒的危害、被捕人员在狱中的政治表现、在屠杀中脱险的志士介绍，尤其是对在狱中坚贞不屈的优秀人物事迹的记录，以及特务叛徒的丑恶嘴脸，无不有详细报告。报告的最后一个部分，罗广斌严苛地对自己参加革命及被捕、狱中表现作了严肃认真的自我解剖。

其中，被称为难得的党史文献资料的第七部分，是狱中党组织在大量同志讨论研究、分析总结问题的基础上对执政了的党所提出的建议，后经党史工作者提炼归纳，其内容之深刻，体现了烈士对党绝对忠诚的高度责任。这八条建议分别是：（一）防止领导机关的腐化；（二）加强党内实际斗争的锻炼；（三）不要理想主义，对上级也不要迷信；（四）注意路线问题，不要从右跳到"左"；（五）切勿轻视敌人；（六）重视领导干部的经济、恋爱和生活作风问题；（七）严格进行整党整风；（八）惩办叛徒特务。

这八条是革命烈士对执政了的党的殷切忠告，是革命烈士对我们的党血与泪的嘱托，更是我们今天改革开放加强党的建设重要的座右铭参照系。

八条建议中的第一条、第三条、第六条和第七条主要就是针对叛徒而言。

领导干部腐化主要是信仰的缺失，政治规定压制不住人性弱点，功利的价值取向使口心分离变成常态，自以为是居高临下形成严重的官僚色彩。

红岩历史上的叛徒罪大恶极，造成严重人命血案的主要有刘国定、冉益智、李文祥、涂孝文、骆安靖、李忠良、任达哉等。

新中国成立后，罗广斌最大的心愿就是要为死难烈士工作。他为社会作出了两个不可磨灭的大贡献：

叛徒刘国定

第一大贡献：完成了死难烈士的嘱托。

重庆一解放他就整理狱中难友对重庆地下党工作经验教训的讨论总结意见，写下4万多字的《关于重庆组织破坏经过和狱中情形的报告》。这是一份非常珍贵的党史资料。报告最宝贵的成果，是罗广斌整理并代表烈士们提出了著名的"狱中八条意见"。

第二大贡献：以他为主成功创作了长篇小说《红岩》。

1961年12月，罗广斌、杨益言署名出版长篇小说《红岩》。

《红岩》小说自问世，累计发行册数以千万计，居中国当代长篇小说发行量之首。《红岩》的影响，还超越国界，被译成越南文、日文、德文、英文、法文、西班牙文等在几十个国家出版发行。小说出版后，各种以《红岩》人物、题材再创作的艺术形式层出不穷，包括电影、话剧、歌剧、说唱艺术、连环画以及后来的电视连续剧等曾风靡全国。其对中国当代人们世界观、价值观的影响，当属空前绝后！

罗广斌说过：《红岩》这本小说的真正作者，是那些为革命献身的先烈，是那些知名的和不知名的无产阶级战士。和他的战友们一样，罗广斌的生命也将永远和《红岩》联系在一起。

罗广斌，在中共党史上，在当代文学史上刻下了自己的名字。

★阅读思考：

1. 结合现实讨论交流罗广斌在报告中指出的"从所有叛徒、烈士中加以比较发现，经济问题、恋爱问题、生活作风问题，这三个个人问题处理得好坏，必然地决定了他的工作态度，和对革命的是否忠贞……"。

2. "重视党员，特别是领导干部的经济、恋爱和生活作风问题"是《关于重庆组织破坏经过和狱中情形的报告》的核心内容。这条经验对今天的最大现实意义是什么？

3. 忠诚与背叛只有一步之差，这里边的关键原因是什么？没有一个叛徒是在刑罚面前叛变的，是什么原因使他们在生与死面前走向了背叛？

4. 怎样防止权力的异化？

卢绪章和肖林：
"灰皮红心"，践行初心

为中国人民谋幸福、为中华民族谋复兴，这是我们党的初心和使命，是党的性质宗旨、理想信念、奋斗目标的集中体现。红岩的革命先辈，他们以恒心守初心、以生命赴使命，铸就了一段践行党的初心使命的辉煌历史。

1925年，14岁的卢绪章从浙江到上海，在轮船公司当职员。他一边工作一边坚持每晚参加夜校学习专业知识和外语。

1933年，22岁的他与志同道合的朋友本着"革新社会、捍卫民族"宗旨，筹资2500元开办广大华行，利用所学专业知识经营进出口贸易和药品、医疗器械的邮购业务。

1935年，广大华行成为略具规模的西药商行。5位广大华行创始人田鸣皋、卢绪章、杨延修、张平、郑栋林在嘉兴南湖雇了一条游船，在船上开了一次股东会议。会议作出有关经营管理、人事安排等6项决策。其中一条是"积极参加抗日救亡活动，争取建立进步的青年社团"。

1936年1月，卢绪章参加上海职业界救国会。同年，上海地下党决定在洋行华员中组织公开、合法的群众性联谊组织，以团结更多的职业爱国青年参加抗日救亡运动，卢绪章为骨干成员。

卢绪章

广大华行五位创始人

1937年9月，卢绪章参加上海全国文化界救亡协会举办的抗日救亡工作人员训练班。10月，卢绪章在杨浩庐（注：中华人民共和国成立后任外贸部副部长）介绍下，正式参加了中国共产党。后他又将公司的合伙人杨延修、张平介绍加入共产党。从此，卢绪章他们就把广大华行作为地下党组织的据点和经费来源处。

1938年4月，地下党在租界成立了华联同乐会，卢绪章担任理事。同时，华联同乐会建立党团支部。

1937年底至1949年6月，卢绪章担任上海进步社会团体"华联同乐会"党团书记和支部书记，团结教育了成千上万的上海洋行职工，培养和发展了近百名积极分子加入中国共产党。同时，广大华行的业务在他的运筹下日益发展，生意兴旺。

中共中央南方局指示江苏省委书记刘晓在上海物色干部到重庆建立党的秘密工作机构，执行秘密交通、情报和经济任务。刘晓经过慎重考虑，决定派卢绪章，以广大华行为基础，到重庆将其改建为党的秘密掩护机关和秘密工作机构。

在红岩村的招待所，卢绪章接受组织的培养，听取中共中央南方局领导关于国共合作抗战中坚持抗战、团结、进步，反对投降、分裂、倒退的形势分析，学习有关国统区工商法律和有关的政策规定，接受组织关于坚守革命气节教育以及有关秘密工作的规定。

经过学习培训，周恩来要求卢绪章利用广大华行这块阵地广交朋友，在重庆、香港等地大力发展业务，积极为党筹措经费。

在红岩村八路军办事处，周恩来在办公室向卢续章宣布了中共中央南方局的组织决定：下海经商，扩大广大华行，做一个灰皮红心的"资本家"。

周恩来告诉卢绪章并且规定："广大华行内共产党员由你单线领导，不允许与重庆地下党发生横的联系。要贯彻工作方针，要公开化、社会化、合法化。一定要做到不与左派人物来往，不要再发展党组织了，对外却要广交朋友，交各方面的朋友，包括国民党方面的和右派的朋友。参加社会上的公开社团活动，提高广大华行和你个人的社会地位。要装扮成一个唯利是图的资本家，利用各方面关系作掩护，和各方面打交道……"

最后，周恩来语重心长地要求卢绪章："在国民党统治区做生意，工作环境险恶，这个'资本家'可一定要当得像呀！这个机构是要长期保存下去，要随时完成交给的任务，做到出污泥而不染，为党赚钱而同流不合污的。"

从抱着"革新社会、捍卫民族"的初心开始，在抗日救亡的活动中加入地下党从事革命活动，到接受任务在经济战线为党去当资本家，卢绪章开始"灰皮红心"。

1940年，这位"灰皮红心"的资本家卢绪章在周恩来、董必武领导下成为红色资本家，开始了"唯利是图"发展壮大产业、"不择手段"的经商赚钱"发家"之路。

卢绪章在重庆市中心

红岩村招待所

1940年，卢绪章与广大华行职员合影

的民族路上购置了一块沿街的、建筑物已被炸毁的地皮，盖起了一座两层小楼房。楼上作为广大华行总行写字间办公室，后楼是卢绪章和他夫人毛梅影的卧室，楼下是广大华行的门市部，公开出售药品和医疗器具，并且招收专业技术人员，扩大业务。

卢绪章以召开公司董事会的名义，召集广大华行内的党员到重庆，向他们传达中共中央和南方局的最新指示。

为了完善广大华行在西南、西北后方地区的业务经营，卢绪章派张平在成都建立了分行，派张先成在贵阳联合中央信托局衡阳办事处职员包玉刚建立中美行，经营服装百货。加上重庆广大药房、成都广大华行、昆明中和药房，总资本达到500万法币。

1941年10月，原创办人田鸣皋退出后，卢绪章全面接管广大华行的业务。

1942年，经张军光和国民政府驻新疆外交贸易专员沈立中介绍，卢绪章与苏联全国粮食出口协会达成协议：广大华行总经销苏联产的鹿茸素、山道年、碘片等药品和原材料，通过新疆、甘肃进口，销往重庆、西安、成都，奠定西药的经营基础。

1942年到1944年，广大华行不断积累，卢绪章主持在重庆买卖黄金、外汇，代办上海与大后方的汇款业务。太平洋战争爆发后，美元对法币汇率上涨，由此广大华行掌握了一大批美元。

在中共中央南方局担任秘密交通负责人的袁超俊回忆说："在秘密交通及财务工作上，除各省地下党的秘密交通联系、接送和保证他们的工作安全外，周副主席还交了一些关系给我，由我去领导，这些关系是：卢绪章、张平等的'广大华行'系统（后还有舒自清等）……南方局秘密财务方面，刘昂同志在我领导下做会计，管秘密财务账，我每月送周副主席由他亲自逐项审查，签字。……周恩来让我联系育才学校，将孤儿送到延安……1947年从香港还寄钱给育才学校……。……在办事处组织车队送人去延安，有好几批干部、家属、文艺界人士——进步作家、画家、音乐家、舞蹈家（如曹若敬、张司真、蔡若虹、李元庆、吴晓邦、戴爱莲等），还有医生，进步青年等。"卢绪章为此提供经费保障。

卢绪章下海经商，确定了"背靠官场、面向市场"的原则，通过蒋介石侍从室少将主任施公猛打开人脉关系：利用军统和中央银行的关系大量贷款，转手高息放出；依靠宋美龄的航空委员会用飞机倒卖黄金、美钞大获其利；拉拢蒋介石侍从室专员摇身变成国民党的上校、少将；通过孙科太子系与苏联做生意，获高额利润；与卢作孚创建民安保险公司；1944年又与全国工商

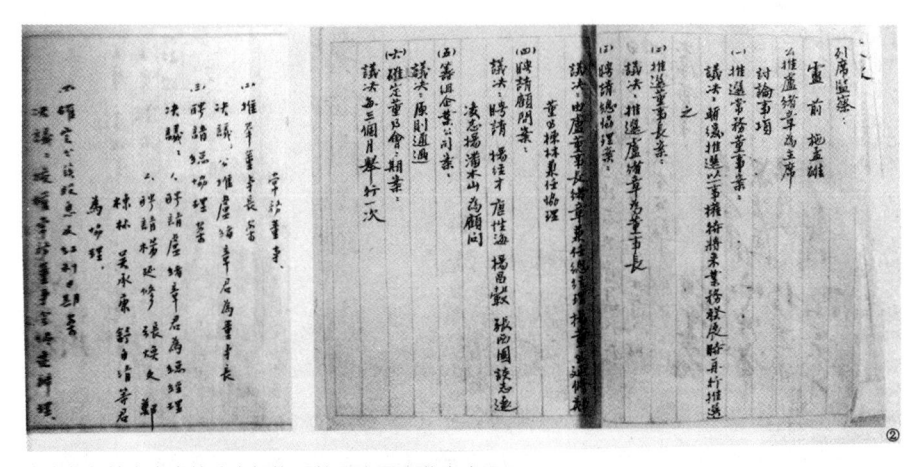

广大华行转变为党的秘密机构后的几次重要董事会记录

袁超俊

会长王晓籁、中国工矿银行经理包玉刚等人组建民孚企业公司,增资1000万法币,扩张到运输、五金、布匹、进出口、百货、药材。

史料记载:1942年,韶关地下党急需经费,按照周恩来指示,必须由卢绪章亲自将85000元现金(法币)送到韶关地下党郭联络员手中。

接款的郭联络员不久就被敌人逮捕并叛变。敌人为了抓捕交款人卢绪章,让这个叛徒在特务监视下到重庆来到处寻找,形势十分紧张。卢绪章遵照党的指示,在短期内必须离开重庆,可普通百姓和商人又不允许乘坐飞机,必须是政界人物才能购飞机票离开重庆,于是卢绪章就给施公猛打了电话,说业务上急需购买一张去昆明的飞机票。当天,施公猛即将委员长侍从室的专印证明送到了卢绪章手中,证明信中堂堂正正写道:"兹有少将参议卢绪章因公赴滇,特此证明。"这样,民航的飞机票很快购到,民航检查站严少白站长也自然通过放行。第二天,卢绪章就堂而皇之地飞到了昆明。

后来,包玉刚也来到重庆,在重庆工矿银行任副行长、中央信托局保险部重庆分行经理。通过这层关系,卢绪章结识了中央银行的一位处长卢孟野。这样,卢绪章在金融界也疏通了可靠的渠道。

以后红岩村每逢收到华侨和国外进步人士捐赠给八路军的美元、黄金,都交给卢绪章,卢绪章则将美元、黄金通过包玉刚、卢孟野以做生意名义兑换成市面流通的法币,交给党以供急需。

按照中共中央南方局"扩大经营规模、加速资金积累、提高社会地位"的指示,联合民生公司的卢作孚创建了"民安保险公司",资本金1000万法币。卢作孚出任总经理,卢绪章任协理。

1942年11月1日,民安保险公司正式成立。次年,卢绪章接任了总经理。同时在内江、昆明、成都、泸州、宜宾建立了分公司。

卢绪章运用公司的资金与保费盈利共10万美元,在工矿银行重庆分行副经理包玉刚和中央银行处长卢孟野的协助下,进行黄金美钞买卖,以保存经济实力;又以"民安"同人福利名义,开设民益商行,经营内江白糖、木耳、黄花菜等土特产购销业务。

抗战胜利前,毛泽东在延安与美国使馆二秘谢伟思谈话时提出:中国的工业化,必须依靠实业家和外资的援助。中美的利益是相联系的,有共同的地方,在政治、经济上可以合作共事。

为适应战后需要,周恩来批准广大华行派人去美国从事进出口贸易。舒自清带了20万美元在纽约建立分行。在广交华侨富豪、工商巨头、社会名流、国际政客打开局面的前提下,分行成为美国第二大药厂施贵宝在中国和东南亚的总代理,并与杜邦、摩根等财团做成了进口化工、钢材、五金等大笔生意,还向美国出口大豆、桐油、猪鬃、肠衣等土特产,公司名声大振,搬到了华尔街120号。

为适应抗战胜利后的形势发展需要,卢绪章要求各地公司资金归集到公司总部,筹备国际贸易业务,并且聘请上海交大教授做国际贸易情况的研究,于1945年1月,在重庆民族路特1号成立民孚企业股份有限公司,注册资本1000万元,美元30万元。卢绪章任总经理。在重庆开办了万力制药厂、投资建业银行、开来兴业股份公司、万育药业股份公司、永孚信托股份公司、建信信托股份公司、同生福钱庄。同时,为了提高社会地位和树立社会形象,广大华行资助中国儿童保健会、上海市商会童子军团。到1944年下半年,广大华行营业额约1.2亿法币,净利润1820万元。1945年营业额6.6亿法币,净利润4亿元。

抗战胜利后,卢绪章利用国府高官抢先东进,在上海扎下根基,迅速在南京、青岛、沈阳、吉林、长春办公司,新建了"民益运输公司",推行海陆空业务。

毛泽东在重庆谈判期间,周恩来推荐卢绪章汇报工作情况。1945年10月初,毛泽东在红岩村接见卢绪章。毛泽东鼓励他:要他为党做好经济工作,并希望他的企业迁回上海后,尤其是要注意为党培养经济和贸易人才。[①]

---

① 《卢绪章》画册编辑委员会:《卢绪章》,浙江摄影出版社1997年版,第50页。

18日，周恩来与卢绪章深谈："广大华行迁回上海后，仍是党中央领导的秘密特殊机构，我委托刘晓同志代管，仍是单线领导，不要和上海地下党发生横的联系。这几年你们为党掩护干部、筹集经费、兑换法币、提供八路军紧缺药品等成绩，党是十分满意的。你通过交朋友、发展企业，有了社会地位，经营信誉良好，资金实力越来越雄厚，组织没有为你们掏出一分钱，很不容易。现在陈果夫聘请你当他的医药研究所理事，看来，这个四大家族之一的陈果夫对你是很赏识的，恐怕日后还会派你大用场，这对隐蔽组织、筹集党的经费，都有独特的作用。陈果夫能对你信赖，是别人不能替代的。你这个'特别资本家'就继续当下去。你想到解放区去战斗，党是理解的，但党更需要你在这个特殊战场上为党战斗……"①

1946年，国民党中央组织部代部部长、国民党中央财物委员会主任委员兼中国农民银行董事长、中央合作金库理事长陈果夫以"没收敌产"名义接收了相当规模的制药设备，特地把从重庆返回上海的卢绪章召到南京商谈。

1946年，卢绪章与陈果夫合作办了上海中心制药股份有限公司，陈为董事长、卢为总经理。卢绪章与陈果夫合作，使广大华行获得了过硬的"政治靠山"，对提高广大华行的社会地位，有效防制敌特的侦察和破坏起到了很大作用。

1946年、1947年，华行全盛时期的资产达到119亿法币，曾一次性向上海地下党提供了一亿法币。

抗战胜利后，中共设在上海马思南路107号的驻沪办事处（注：周公馆）是地下党负责人刘少文从广大华行提取的20根金条购买的。南京中山路的梅园新村也是刘少文从广大华行提取的50根金条购买的。②

1949年3月，按中共中央指示，卢绪章回北京参加新中国筹建工作。他迅速将海外资产拍卖，把自己的公司与香港华润合并。公司清理资产后，200万美元上交中央，15万美元移交中共港澳工委，20万港币交西南地区党组织活动经费……

---

① 《卢绪章》画册编辑委员会：《卢绪章》，浙江摄影出版社1997年版，第51页。
② 《卢绪章》画册编辑委员会：《卢绪章》，浙江摄影出版社1997年版，第52页。

卢绪章在中共党史上被称为"百万富翁的无产者"。

全国解放后,卢绪章在华东贸易局当局长,后在北京担任商贸部副部长,又担任国家旅游局局长。离休后在上海安度晚年。

我们博物馆的同志在采访他的时候,提了这样一个问题:

卢绪章看报

"为什么在你清理上缴全部资产的时候,没有按照周恩来当时的规定保留自己的股份,而把全部资产都上缴了?"卢绪章笑了笑回答说:"你们知不知道当年下海经商是多么地艰难?那可是脑袋瓜子挂在裤腰带上,在绞刑架下生活!党什么时候要钱,你就什么时候给,要多少分文不能少,这是多么地惊心动魄啊!所以当我接到通知回国参加新中国筹建工作时,我是一股脑地把全部资产上缴,仿佛感到浑身轻松,回到人间。真是没有想到去保留什么自己的股份……"

一位微信名叫 Helen 的听众,在听了我的《忠诚与信仰》报告后,要求加我微信,并发来了她听课的感想:"我是地道的重庆人,从小接受红岩精神,今天的讲解很感人,让我更进一步认识红岩精神。不只是正面战场对抗,还有经济战线上的争夺,更是让各种专业人才发挥其专长,充分利用各种人才资源,为新中国的解放各尽其能。没有先辈无私奉献,抛头颅、洒热血,就没有今天中国的飞速发展。感谢先辈们。感谢厉老师的传承!"

与卢绪章几乎同时下海经商的还有一对四川江津的党员夫妇,肖林和王敏卿。1936年,肖林就利用在民生公司当卢作孚秘书的机会,经常用货轮运送上海的货物到重庆,批发给当地的百货商店,以此获利。

1939年加入地下党后,他经常按照党组织要求运送物资。1941年3月,川东特委书记廖志高亲自送肖林和王敏卿到红岩村接受培训。

通过培训后,周恩来慎重地说:"党的活动,无论是公开的还是秘密的,

肖林夫妇重返红岩

都要有一定的经费开支。我们必须要有自己的经济来源,不能光依赖国民党的拨款和社会方面的支援,而是要根据国民党统治区的条件开展我们所需要的经济活动。"周恩来对肖林夫妇下达密令说:"给你提供30两黄金去做生意,记住做生意就是要赚钱,你是在为党的事业赚钱。第二,组织关系由南方局直接领导;第三,一定要记住,党在哪些地方要用钱事先很难预料,所以组织什么时候要钱,你就什么时候给,要多少,就给多少,分文不能少。"

在八路军办事处处长钱之光同志的具体领导下,肖林夫妇受命下海经商当起了"红色资本家"。

1941年,他们在家乡江津办起了"恒源字号"商行,开始做农产品和杂货生意,后又将商业发展到湖北。

后来,肖林又把"恒源字号"发展为大生公司,在长江沿线做土纱、食糖、植物油等商品的批发转销。肖林看准机会,囤积物资,逐次抛售;他买空卖空,什么赚钱就做什么,什么资金回笼快,他就投什么。到抗战结束时,他的公司资产已经上亿!

当年在重庆,国民党蒋介石推行"新生活运动",要求老百姓早上要洗脸刷牙,上厕所一定要带卫生纸。这些物资都很紧缺。肖林从湖南进手纸、从上海广州进毛巾等物资囤积重庆,逐次抛售,获得了极大的利润。

抗战胜利后,肖林夫妇按照中共中央南方局的要求把自己的公司产业全部转到了上海,通过同乡的介绍和帮助租下房子,又创办了华益公司,继续从事商贸生意。他们将上海的各种日用百货物资,通过民生公司运到重庆批发给各地，赚钱很快，获利颇丰。

肖林利用与国民党上层建立的各种密切联系，为华益公司更好地开展党的秘密工作撑起了一把把"保护伞"。他按照党组织的密令，将山东解放区缴获的国民党的黄金、美元、法币，通过特殊的方式秘密运输到上海。

他们忍辱负重、不计个人得失，通过华益公司不仅为党筹措了数额上千万美元的经费，还掌管着党的地下金库钥匙。

1948 年 2 月，上海申新第九棉纺厂工人罢工，国民党出动军警镇压，制造了震惊全市的"申九二二血案"！上海地下党组织急需大量经费，肖老板一次性拿出三亿元法币。

肩负着特殊使命的"老板"为党筹措了多少经费，已无法准确统计。

但在全国解放后，按照中央的决定，肖林的两大公司"大生"和"华益"宣告结束后，向中央上交的资金约合黄金 12 万两，其他固定资产折价达 1000 多万美元。

肖林回红岩捐献当年做生意时所保留的三块银元

新中国成立后，肖林在上海外贸委员会做主任。离休后回到重庆，将他保存的，作为他在秘密经济战线纪念的三块银元捐给重庆。

他们"灰皮红心"，忠诚于自己的信仰，为党挣钱，保证党的工作活动经费，"出污泥而不染，同流而不合污"，身处商海始终保持"荷花出于污泥而亭亭玉立"的内在精神气度，为党的革命事业作出杰出贡献。

卢绪章和肖林，在金钱与理想这个问题上，用他们的作为说明了一个事实：金钱买不来理想，理想可以创造财富。

牢记和践行为中国人民谋幸福、为中华民族谋复兴的初心使命，是贯穿我们党百年奋斗历史的一条红线。卢绪章、肖林在红岩秘密经济战线上体现了"同流不合污、出污泥而不染"的政治品格。他们的作为说明又红又专是共产党干部的本质特色。

★ 阅读思考：

1. "出污泥而不染、同流而不合污"是一种政治品格，结合卢绪章、肖林的人生经历我们得到的启示是什么？

2. 在主流意识和多元文化并存的时代，怎样从"学史爱党、知史爱国"去树立我们的"三观"？

附录：情景阅读表演剧本

一、小萝卜头：紧握红蓝铅笔头，狱中志士的小战友

多媒体：音乐、小萝卜头全家及小萝卜头照片

主持甲：在死难烈士中，年龄最小的烈士叫作宋振中。宋振中的父亲宋绮云以及母亲徐林侠都是西北特支地下党员。1941年蒋介石下令逮捕宋绮云一家三口，宋振中也一起来到了狱中。

多媒体：拍摄息烽集中营、白公馆看守所、电影《烈火中永生》有关小萝卜头片段

主持乙：宋振中来到狱中的时候还是一个不满周岁的孩子。狱中缺乏正常食品供应，致使宋振中发育不良，头大而身小，以至于难友们反而把宋振中的真实姓名给忘记了，大家都亲切地称他为"小萝卜头"。

主持甲：在小萝卜头6岁的时候，他由贵州息烽监狱转押到重庆白公馆看守所。他的母亲徐林侠要求狱方特务让她的小孩到狱外的学校去读书，然而狱方却断然拒绝这个合理要求。经过狱中难友多次努力，特别是父亲宋绮云的强烈抗议，狱方不得不作出让步，给了小萝卜头读书的机会，但规定不能外出学习，只能在楼上的黄显声将军那儿去读书。

主持乙：牢房里的叔叔阿姨省下草纸为小萝卜头做了几个练习本；爸爸捡回一根树枝，把一头磨尖后作为笔；妈妈把棉衣里的棉花烧焦兑

点水作为墨汁。他就是带着这些学习工具到楼上黄显声将军牢房去学习的……

表演：小萝卜头进门向黄显声一鞠躬。

小萝卜头：老师好，黄伯伯好！

黄显声：好！好！来，坐在这里，（坐在地板上）爸爸妈妈好吗？

（小萝卜头点点头又摇摇头）

黄显声（好像懂了）：这是笔吗？喔，还有本子，这本子是谁给你做的？

小萝卜头：叔叔阿姨！

黄显声：好，来，我今天教你两个字。（拿起小萝卜头的本子，用一支红蓝铅笔写下"中国"两个字）

小萝卜头（跟着念）："中""国"。

黄显声：会念，还要会写，这个"中"字是这样写，"国"字比较难写一些。

小萝卜头：您这支笔真好！黄伯伯，您手里的这支笔为什么一写就可以画出颜色和写出字，我的笔又粗又大，还要蘸一下墨水才能写一下。

黄显声：这叫红蓝铅笔，里面有红颜色和蓝颜色的铅芯，所以一写就写出来了。你这是自己做的笔，笔头上没有铅芯，所以要蘸墨水。懂吗？

小萝卜头：黄伯伯，我们两个换一支好不好？

黄显声（笑）：好！不过你要用俄文说几个字，我就把这支笔奖给你，好吗？

小萝卜头：好！那快教我吧！（黄教"中""国"……）

多媒体：小萝卜头的学习用具（仿制品）照片

主持甲：小萝卜头每天晚上入睡前默默地背诵俄文，早上起床也学说俄文单词。当他能够说几个词语的时候，黄将军将这支红蓝色铅笔送给了小萝卜头。他欢天喜地地拿着笔跑回牢房，拿出草纸练字本，给爸爸妈妈写了"大、小、多、少"四个字。他一直舍不得用这支笔。他想出去再用这支笔。重庆解放以后，人们在地下发现了小萝卜头的遗体，在场的每位工作人员都惊讶了。他们发现在小萝卜头那双快要腐烂的小手里死死握着的就是那支红蓝铅笔。

主持乙：小萝卜头每次从黄将军那里读完了书以后，总要来到底楼栏杆上仰望天空，呆呆地凝视。他想出去。他多么渴望外面自由自在的生活。你们看，他又在那儿呆呆地想了。

表演：小萝卜头坐在那里发呆。一特务来发现他，拿他寻开心。

特务：小萝卜头你想吃吗？这糖很好吃，叫我一声叔叔。叫我，我就给你吃。

（小萝卜头不语）

特务：叫叔叔。

小萝卜头：你不叫叔叔，叫看守。

特务：看守比你大，你也应该叫叔叔呀！快叫，叫了给你糖吃。

小萝卜头（摇头）：不！你不叫叔叔！你是特务！你是坏人，坏人！

（边说边逃，特务追下）

多媒体：拍摄磁器口

主持乙：小萝卜头立即跑回牢房。他抱住他的妈妈问：妈妈、妈妈，什么是糖？他妈妈心疼了半天，最后指着一旁的盐罐子无奈地说：这就是糖。在小萝卜头八年的铁窗生涯里，只有过一次出监狱大门的机会。那是他的母亲徐林侠病重，狱方不得不用轿子抬他的母亲到国民党的四一医院去治疗，沿途让小萝卜头在轿子上照顾他的母亲。当路过磁器口大街的时候，有家人正在办丧事，一口漆黑的大棺材放在路边。小萝卜头很惊讶地问母亲：妈妈，那个黑乎乎的是什么东西？他妈妈抬头向外看了后，非常伤心、凄苦地对他说：那是棺材，人进去后就彻底自由了！一个从八个月的时候就被关进监狱的孩子，八年了第一次走出监狱看见了外面的世界。今天，该怎样向他解释呢？

小萝卜头与主持乙交流：

主持乙：孩子，过来。刚下课？你昨天到哪儿去了？

小萝卜头：我陪妈妈看病去了。

主持乙：你出去了，外面热闹吗？看见什么了？

小萝卜头：外面可好玩呢！热闹极了，只是不让我随便走动。我看见好多人穿了白衣服在那儿走来走去，还有一只大的木头箱子，我问妈妈那是什么，妈妈说那是棺材。

主持乙：孩子，你喜欢自由是吗？

小萝卜头：当然，自由了，就可以随便走来走去了，想到哪儿玩就到哪儿玩。叔叔，哪儿有棺材？我也要进去，爸爸、妈妈我们一起进去。一进去就自由了，我们要是进了棺材就自由了，妈妈说的。

主持乙一把抱起小萝卜头，凝视良久，然后，把小萝卜头放下。小萝卜头欢快地走到台口说：叔叔，哪有棺材？又跑到台口一边：阿姨，哪有棺材？回到台中央哭泣说：你们怎么都不告诉我，哪有棺材，有了棺材我们就可以自由啦！叔叔、阿姨，你们告诉我哪有棺材、哪有……（跑下场）

主持乙：他小小的心灵，怎么能知道"棺材"的含义呢？难友们听到了小萝卜头这样嚷嚷，他们的心为之颤抖，他们的心在滴血。他们不忍心向小萝卜头解释这一切。一个孩子总要有一些期盼，一个孩子总要有一个梦想，这也许是对小萝卜头心灵上的一种安慰吧。

多媒体：拍摄松林坡、小萝卜头殉难地、雕塑

主持乙：1949年9月6日，小萝卜头随他的父母一起被杀害！敌人怕枪声将此事给宣扬了出去，于是他们动用了匕首。这就是一个8岁的孩子，一个想走出监狱大门的孩子、一个渴望自由的孩子、一个想读书的孩子呀！他年龄虽小，但是在狱中他为难友传播消息，帮助韩子栋越狱脱险。他利用小孩身份做了许多大人做不到的事情。中华人民共和国成立后，他被评为烈士，是新中国最小的烈士，殉难时年仅8岁！今天这里已经成为我们歌乐山烈士陵园的一个圣地，千万观众的参观和瞻仰，正是对小萝卜头英灵的最好告慰！

二、何功伟：坚持真理，舍生取义

运用父亲何楚瑛在牢房里劝儿子转变立场，以及通过何功伟被押往刑场决不回头、决不投降、英勇就义过程的内容编排表演剧本。

主持甲：照片上这位烈士叫何功伟。1939年，中共中央南方局任命何功伟为中共湘鄂西区党委宣传部部长，要求他把鄂西地区的抗战宣传工作组织发动起来。何功伟上任以后，通过办墙报、组织歌咏队等形式把抗战宣传工作轰轰烈烈地搞了起来。后来，中共中央南方局决定让何功伟接任中共鄂西特委书记一职，并把他妻子许云带回重庆红岩村，以便照顾她安全地生孩子。

多媒体：何功伟照片

主持乙：两夫妻分开后不久，何功伟在国民党发动的第二次"反共"高潮中不幸被捕。国民党湖北省主席、六战区司令长官陈诚闻之非常高兴。他一向欣赏何功伟的才华横溢、口才雄辩，尤其是欣赏他的社会组织工作能力，于是下令：一定要把何功伟动员到国民政府里来工作。国民党组织部、宣传部、三青团的劝降人员接踵而至，却无一人给陈诚带回可喜的消息。

主持甲：于是，国民党当局决定把何功伟的父亲何楚瑛送到牢房，妄图用亲情对他施加压力。何功伟的父亲何楚瑛是湖北有名的乡绅，听闻儿子犯了王法，非常痛惜，干脆带上行李住在牢房里，与儿子就"立德、立功、立言""修身、齐家、治国、平天下"促膝长谈。但每一次激烈的交锋都是不欢而散。最后，何功伟向父亲明确表示：我不希望你在这里充当政府的说客，希望你离开这个地方。何楚瑛万般无奈，只好离开牢房。

多媒体：何功伟写的信一字字出现在屏幕

主持乙（何功伟面对屏幕书写，画外音朗读）：在狱中，何功伟想到自己自幼丧母，父亲一手把自己拉扯长大不说，现在还要为自己的事受苦作贱，真是于心不忍。他提笔给父亲写了一封信，信中有这样一段话："儿不肖，连年远游，既未能承欢膝下，复不克分持家计。只冀抗战胜利，返里有期，河山还我之日，即天伦叙乐之时……当局正促儿'转变'，或无意必欲置之于死，然按诸宁死不屈之义，儿除慷慨就死外，绝无他途可循。为天地存正气，为个人全人格，成仁取义，此正其时。"

主持甲：然而，这封信却被交到了陈诚的手里。陈诚读完这封信十分感动，提笔在信上写下"至情至爱，大忠大孝，真伟人也"，随后下令把何功伟的父亲请到办公室，把信交给了他。何楚瑛看了这封信后，号啕大哭！陈诚在一旁说："我派你儿子到政府去工作，他不愿意，送他到三青团试验区组织工作，他也不接受。像他这种人，放到社会上与政府搞反动，那不是件好事啊！"他希望，何楚瑛能够再到狱中去对何功伟做最后的规劝。

多媒体：何功伟被关押的牢房

表演：父亲何楚瑛带了一坛米酒又一次来到狱中。

何功伟：我不是让你不要再来这个地方了吗，你怎么又出现了？！

何楚瑛（没有搭理他，放下酒坛子倒了一碗酒）：我今天到这里不想和你争论什么，我是来给你送一个喜讯的！

何功伟：我身在牢房，有什么好事？

何楚瑛：你知不知道，你的妻子许云在重庆红岩给你生了个胖小子，老夫我今天专门来送给你这个喜讯……

何功伟（兴奋得跳了起来）：我有孩子了！我是父亲啦！

（接过父亲手中的酒碗，将酒一口饮下）

何楚瑛（立即又倒出一碗酒端起来）：那好，我们喝完这碗酒就一起去重庆，看看你的儿子，抱抱我的孙子，你看如何？

（何功伟听闻此言，立即明白了父亲的来意，背转身过去，不再搭理）

何楚瑛（端着酒碗，无奈、凄苦地对儿子）：我知道你会这样的，所以我今天来此还想把话与你挑明，一旦我去了重庆，那将是一手抱孙，一手丧子啊！

何楚瑛（看见儿子无所搭理，痛苦地将酒泼洒在地，"扑通"一声跪在儿子身后）：老夫我自幼饱读诗书，没想到面对你所谈主义理论我无言以对。他日杀你必是陈司令长官，老夫我一定东门守候为你殓尸。我要在你墓碑上刻上"何少杰"三字，以便日后你妻儿辨认……（说完，何楚瑛站起来要离开牢房）

何功伟（转过身来，失声大哭）：父亲大人，你自己多保重。

然后，何功伟从稻草地铺里拿出两封信，希望父亲送到重庆红岩。

多媒体：陈诚、五道涧刑场照片（动画处理与何走的路远近延伸）。

主持乙：陈诚知道这一情况后下令处决何功伟。这一天是1941年11月17日。

表演：何功伟戴着脚镣手铐一步一步走向刑场。

主持甲：监狱长阎夏阳为何功伟在狱中数月来的精神气节所感动，当何功伟被押出牢房的时候，一手拦住去路说："你现在点一点头，就算有悔改之意，我立即上报，可以把行刑暂时压一下。"何功伟没有搭理阎夏阳，继续向前走去。阎夏阳再一次跑上前去拦住何功伟："生命那是不可失而复得的呀！"何功伟仍然没有停下脚步，继续向前走去……枪声响起，年仅26岁的何功伟倒在了血泊之中。

音乐强烈

多媒体：重庆红岩村八路军办事处大楼照片

主持乙：何楚瑛辗转来到重庆红岩村，将儿子的两封信交给了董必武。董必武看完信后激动不已，当天晚上在红岩召开党员大会。会上，董必武亲自宣读了何功伟写给父亲的信：

（画外音）……儿献身真理，早具决心，纵刀锯斧钺加诸颈项，父母兄弟环泣于前，此心亦万不可动，此志亦万不可移。谁无父母、谁无妻儿，儿安忍心出卖大家，牺牲他人，苟全一己之私爱？儿决心牺牲个人，以利社会国家，粉身碎骨，此志不渝……

主持甲：周恩来宣读了何功伟写给妻子的信，信的最后写道：

告诉我所有的朋友们，加倍的努力吧！把革命红旗举得更高，好好地教养我们的后代，好继续完成我们未完成的事情！

多媒体：何功伟妻子许云和孩子

何功伟的妻子许云闻信，抱着孩子失声痛哭。

周恩来对红岩的干部同志说："让我们大家记住功伟、学习功伟！"

主持甲：为天地存正气，为个人全人格。这，就是信仰的力量。决不苟全一己私爱，牺牲个人以利社会国家。这，就是党性、人性的高度统一。中国共产党领导的民主革命之所以能够成功，中国共产党之所以能够由小到大、不断发展，就是因为有无数像何功伟这样忠诚于自己的政治选择，决不背叛的先进分子。

主持乙：何功伟敢于杀身成仁的精神支撑力是什么？人格不朽这一伟大事实的确立，给短暂的生命获得了一种意义：文化的自信。夏、商、周、秦、汉、唐、宋、元、明、清，几千年的中华文明史不断积淀、升华，形成了"天下兴亡，匹夫有责""先天下之忧而忧，后天下之乐而乐"的文化能量，给何功伟一种超越生理欲求的精神力，去压倒死亡，战胜恐惧。这，就是文化的自信。

主持甲：忠诚于自己的政治选择，决不背叛，是红岩英烈的一个显著特点。面对父亲、妻子和未及见面的儿子，何功伟深知忠孝不能两全，家国岂可并顾？为了大多数人的永久幸福，为了维护党的事业，为了坚守真理，何功伟甘愿牺牲个人的一切，用鲜血和生命书写了捍卫真理四个大字。

三、谢育才：对党忠诚，不计名利，不负人民

时间：1941年

地点：地下党江西联络站

投影：谢育才、王勖的照片资料以及江西省地下党联络站

（王勖背对观众抱着孩子，焦急而又害怕）

音效：喘息声、急急地跑步声

（王勖仿佛听到声音，往前跑上几步，听一听仿佛又没有）

（李铁拐带谢育才上，谢育才边走边擦汗）

（知了烦躁地叫着）

谢育才：这天真热啊！

老铁：可不是吗？谢书记，我们乡下常说"有福之人七月生"，嫂子这可是生了一个贵子啊！

谢育才：哈哈，什么柜子桌子的，他娘俩安全没事，这就是万幸了！

（屋里有婴儿哭泣的声音，李铁拐和谢育才快步踏上台阶，推门进屋）

（背对门坐在床上料理儿子的王勖闻声转过身来）

王勖（一脸惊讶）：老谢，你怎么下山了？

谢育才（走到王勖前）：来，让我先看看我的儿子！（抱起床上的小宝宝）儿子，叫爹，啊！笑一个！

王勖（看着站在角落的老铁）：是你带老谢下来的？

老铁：嫂子……

谢育才（浑然不知，高兴地接话）：老铁说你早产，带信让我来看看。（轻轻拉过王勖）辛苦你了！

王勖：老谢，你上当了！（痛苦地坐下）

谢育才（顿住）：你说什么？上当？

王勖（手指老铁）：你问他！

谢育才（把孩子递给王勖，走到老铁前）：老铁，这是怎么回事？发生了什么事情？

老铁：啊、啊……没什么、没什么。（将谢推至王勖前）孩子要紧，你们一家人先聊着。（说完欲下）

王勖：站住！你还有脸跑？

（老铁停住回身解释，但还想走）

谢育才：老铁。（看看老铁，转身问妻子）你告诉我，怎么上当了？我上什么当了？

（王勖生气，老铁将脸扭向一边，不语。冯崎上场，后跟几个特务）

冯崎：谢育才，中共江西省委书记，久仰大名，幸会，幸会！

谢育才：你是谁？

冯崎：鄙人自我介绍一下：国民党中央调查统计局驻江西特派员冯崎。（转身面向观众）你下山，是我安排的。

（谢震惊，看看一边不语的老铁、看看在桌旁痛苦的妻子、看看周围，他终于明白）

谢育才（慢慢步向老铁，老铁后退）：老铁，你叛变了？

王勖：他把你们一个一个的全骗到这里。他的心被狗吃了！

谢育才：你这个可耻的叛徒！

音响：婴儿哭

（谢育才欲跑，冯崎上前拦住）

老铁：老谢，对不起，我，我……

冯崎：我什么我？你这叫好汉不吃眼前亏。（转向谢育才）我告诉你，几天前还是你们江西省委交通员的李铁拐同志，已经转变立场、放弃你们共产党那些不切实际的理想、信念，为我党工作啦！

老铁：老谢！

谢育才（怒视老铁）：软骨头！

老铁：我……老谢，你听我解释……

谢育才：解释？你这样做会带来什么样的恶果？你知道吗？你背叛组织导致更多无辜的同志牺牲。你能解释吗？

老铁：我是没有办法啊！他们把我抓起来，严刑拷打。我可什么都没说！可你知道吗？他们逮捕了我的家人，一家七口啊！老谢，我怎能忍心将他们推进火坑？

谢育才：被你出卖的同志，难道就没有家人？才只七口吗？你就忍心看见他们骨肉分离？

冯崎：好啦，好啦！老铁这是明智之举，不说是弃暗投明，也算是改邪归正吧！

谢育才：改邪归正？（走向老铁）我问你，什么是邪？什么是正？

（老铁欲言又止，双手拽住自己的头发，叹息一声，颓然蹲下）

冯崎：我来告诉你，如今国共两党是共同抗日，共产党也应该竭诚拥护国民政府，忠于抗战工作，而你们从事地下党秘密活动，既违背国共的合作协定，更为政府法令所不许，（指着老铁）所以他倒是走到了正路上来，而你们却执迷不悟。

谢育才：荒谬！国民党消极抗战积极"反共"，走的是什么正路？你们不杀日寇，杀我新四军抗战将领，又走的什么正路？你们"剿共""灭共"，破坏抗战民众团体、打击进步势力，请问，是走的哪门子正路？

老铁：谢书记，交通站被他们利用，与南方局联系的电台被他们控制，所有的一切都在他们的掌控之中。

谢育才（抓住老铁）：你说什么？

老铁（手一摊）：这次全完了！

（谢育才感觉太突然、盯住老铁，一时不敢相信）

冯崎：好啦，谢书记，明白你现在的处境对你和家人都有好处。

（谢育才转身，呆看着坐在床上的王勖以及熟睡中的儿子）

王勖：老谢！

老铁（向冯崎）：这儿什么都没有，孩子又是早产缺乏营养……

冯崎（瞟一眼老铁，对谢育才）：谢书记！现在有两条路：一是转变你的立场，接受我们的教育帮助；二是将你们按照间谍罪移交军法审判！到时，（指王、谢）你们俩都得进监狱，孩子嘛……

谢育才：无耻！

冯崎：现在的形势你最清楚，别无选择。

老铁：老谢，老婆孩子都得你照顾，你可不能毁掉自己的家呀！

谢育才（猛起、仰手）：你滚。（老铁退缩一边）

冯崎：初为人父，要体验的滋味还很多啊！谢书记，这个地方可安全得很。你就冷静地想想吧，啊！走！

（冯崎一挥手，众特务和老铁下）

（小孩哭，王勖抱起孩子哄着）

王勖：老谢，我们现在怎么办？

谢育才：没想到会发生这么大的变化。老铁……哼，我真是瞎了眼。

（小孩哭得更厉害了）

谢育才：他怎么了？

王勖：儿子肚子饿了，拿点米汤来。

谢育才（端过米汤）：我可怜的孩子，爹只有给你吃点米汤了。

王勖（望着孩子）：你来得真不是时候啊！

投影：出现一个和台上环境、氛围一模一样的空间，两个王勖都在喂孩子，只是投影上的谢育才站在原地没动，舞台上的谢往台前走，两个谢育才对话。

谢育才（投影）：敌人已掌控江西省委，现在他们想要的是：顺藤摸瓜，从我们这里得到南委甚至南方局的情报，以破坏整个中国南方地区的地下工作。

谢育才（舞台）：地下党江西省委已遭破坏，与外界失去了联系，这信怎么送得出去？

谢育才（投影）：情况紧急，你得赶快想办法到全福处通知方方书记啊。

谢育才（舞台）：要说办法，只有一个，只是……

谢育才（投影）：你是说……

［谢育才（舞台）点头，谢育才（投影）吃惊］

谢育才（舞台）：只有让他们完全相信，我才有机会。

谢育才（投影）：你知道这样做的后果吗？

谢育才（舞台）：棋行险招，我现在想不了那么多了。

谢育才（投影）：谢育才啊谢育才，你的名誉、气节将毁于一旦啊！

谢育才（舞台）：个人的名节固然重要，但我现在只有一个想法：不惜一切代价通报南委，保全党组织。

谢育才（投影）：嗜！

（婴儿哭，两个谢育才都转身，坐在床边，帮助王勖喂孩子，投影和舞台形象重合，暗场）

（谢育才抱着儿子，王勖在给儿子换尿布。冯崎等特务和叛徒骆奇勋、李盘森上场）

冯崎：好一个幸福美满的家庭，谢育才先生，感觉不错吧？

（谢育才不理，回过身把儿子放在床上，突然他愣住了，转身看见骆奇勋、李盘森）

谢育才（站起来）：你们？

冯崎：谢先生，你的这两位部长，已经写了转变立场的声明，走到我们这条正路上来了，现在就看你的了。

（王勖欲从床上起来，谢过去坐在床边）

王勖：老谢，他们是来给我们搞现身说法的。

谢育才：冯特派员，我想问他们几个问题。

冯崎：好啊，完全可以，你现在还是可以以上级的身份同他们谈话，（诡秘地对谢）而且以后还是这样，啊！

（谢育才站起，走向二人，李低头不敢正视，骆不断地后退）

谢育才：你们为什么不敢看我，是心虚吗？

骆、李：谢书记、老谢！

谢育才：谁是你的谢书记？我问你们，他们给了你们什么好处？

李盘森：他们答应马上送我们去瑞士。

谢育才：哦？（对冯崎）看来他们出卖同志，背叛组织，收获不小哇！

骆奇勋（显有内疚）：哎！谢书记，国共两党合作抗日，是一家人嘛！

李盘森：就是，识时务者为俊杰，老谢！咱们就别钻牛角尖了。

谢育才：一家人？牛角尖？你俩倒是聪明伶俐，识时务的俊杰呀！

（骆、李听出谢话里有话，都不出声）

冯崎：好啦，骆奇勋，你把中共南方工作委员会的电报给谢书记看看！

（骆拿出一封电报，递给谢！）

李盘森：这是南委发来的电报，要你速去"全福处"。

（谢、王二人听得，大惊失色！谢看着电报，仔细观察、思考、分析）

冯崎：你的组织完全掌握在我们的手里。你还有什么可坚持的？谢书记，回头是岸啊！

（谢、王二人对视、焦急）

王勖：老谢，我们可不能……

（谢制止王讲话）

冯崎（一切看在眼里）：好啦，我们终于可以在一个层面谈话了，我问你：全福处是哪儿？

谢育才：全福处！（假装惊奇地看李、骆）全福处？这里就是全福处！

冯崎（愣了一下，问李、骆）：他讲的是真的吗？

骆奇勋：与南委之间联系的暗语只有谢书记知道。

李盘森：没错。

（王勖对丈夫所谈莫名其妙）

冯崎：你确定这里就是全福处？

谢育才：是的，这里是地下党江西联络处，我们简称全福处。

冯崎（笑笑）：这就对了嘛，那是谁要来和你见面？

谢育才：应该是我的上级吧，电报上也没说。

冯崎（点点头）：好！李先生，你来告诉他下一步该做的事情。

李盘森：他们要求你……

冯崎：哎，怎么还是"他们"？

李盘森：对，是我们，我们。请你在这个保证不参加共党活动、拥护国民政府的声明上签个字。

冯崎：好啦！谢先生，这点要求不过分吧？

音乐：紧张、急促

（谢育才拿起声明边看边走着思考，王勖也过去）

（冯崎走到床边抱起孩子）

（谢推开王，要去签，王拉住不放，严厉制止。抓扯时，谢将王推倒在地，谢没想到会推得这么重，赶紧过去扶王）

谢育才：你摔痛了吧？

（王推开谢，站起身）

（冯崎立即将孩子放到床上，跑去劝，特务将王拉到一边，冯将谢带到另一边）

冯崎：好啦，好啦！女人嘛，难免见识短点，你不要放在心上。

谢育才：但是我要先申明三点：一是无条件释放我们一家三口，我立即到抗日前线去；二是保持共产党员的立场和信仰；三是我不作任何反对共产党的言行。

冯崎（脸色渐变，又笑）：好啦！谢先生，你先签了声明，其他的以后再说。

王勖：你不能签字，这会毁了你呀！

（骆、李相劝王，谢抬头仰视，突然拿笔，非常痛苦地签字，走到台口"哎"的一声蹲下）

王勖（极度地悲伤）：老谢……

（婴儿突然大哭，王转身去抱孩子，特务拿过签字的材料）

冯崎：好啦，好啦，我们的合作第一步成功了！来人，送些吃的、用的，让他们一家人，好好地享受一下！谢先生，明天见！走！

（特务、叛徒跟下，出门口冯对特务挥手，一干人下场）

（王勖边伤心痛哭边哄孩子）

王勖：你爸爸没有骨气、你爸爸是懦夫、你爸爸是叛徒！

谢育才（猛地站起）：我不是懦夫、我不是叛徒！

（一特务端进一大碗馒头和一碗菜）

（王勖讲以下话时，谢猛然地清醒，又走到窗前观看，发现没有来回走动的特务，又去门口看，只有大门外有一个特务坐在那里，再去窗外看）

王勖：我真想不到你在关键时候会是这样。跟了你这么多年，我怎么就没发现你是个软骨头！

谢育才（从窗前过来）：你冷静些，我告诉你……

王勖：我不听你解释，你给我滚一边去！

谢育才（非常地委屈）：你听我说！

王勖：我不听你说！

谢育才（冒火、严肃）：王勖同志！你冷静点好不好！

（王开始冷静下来，但把脸别在一边）

谢育才（扶住王的肩头）：我们现在不知道出现了哪些叛徒，但是特务已经完全控制了我们的电台，而且他们要迷惑南方局。他们拼命想找到南委所在地。他们的矛头是要抓住方方书记！

王勖：那你为什么？

谢育才（打断）：你没有听见我刚才跟他们讲这里就是"全福处"吗？你难道不知道这里不是全福处吗？

（王勖忽然明白过来）

王勖：我，我……

谢育才：我告诉你，我不签字，他们就不会暂时放过我们，我们也就根本找不到脱身的机会。现在最重要的任务就是到全福处找方方书记，把这里的真实情况向他们报告。

王勖：哎呀，我太不冷静了！

谢育才：不，刚才我假戏，你真做，配合得很好！我们今天晚上就从这门口悄悄地溜出去，然后绕过树林走山路！

王勘：老谢。（依偎在谢的怀抱）

（两人抱着孩子准备走）

音效：婴儿哭

王勘：儿子，别哭，求求你别哭，我知道你待会儿就不会哭了，乖乖！

谢育才（推开王）：亲爱的，我要跟你商量一件事。

王勘：嗯。

谢育才（过去抱起孩子，看着妻子）：孩子不能带走。

王勘：什么？不！（抢过孩子）

谢育才：半夜里，孩子一哭，我们就会被发现，就是跑出去了，有个孩子在身边也容易暴露。

王勘：这孩子是早产，本来身体就不好，我不能抛下他不管。（抬起头看着谢育才）老谢，我才生了孩子身体本来就弱，估计我是跑不出去的。这样吧，我留下来照顾孩子你去报信，好吗？

（谢育才看看窗外，天色已暗，远处有蛙鸣和夏夜蛐蛐叫的声音）

谢育才：你以为我不心疼儿子吗？今天晚上我们逃出去以后，你往东跑，我掩护你，跑出树林就直奔全福处，不能耽搁！

王勘（哭泣）：你背上了叛徒的嫌疑去给组织送信，还要抛弃刚出世的儿子，我们付出的代价太大了！

谢育才：我没有背叛组织，这形式上的叛徒，我就先扛着。至于儿子，就看他自己的造化了！

（谢育才抱过孩子，搂着妻子）

王勘：儿子，不要怪妈妈，妈妈也舍不得你，我多想天天这样把你抱在怀里。

谢育才（不忍听）：你再给他喂喂奶，我来准备一下！

（王勘哭泣着接过孩子，在床边喂奶，谢在旁边的桌上写信）

谢育才（深深地亲吻孩子几下）：把他放在床上，哄他睡觉吧。

王勘：老谢？

谢育才（抱过儿子，放在床上）：动作快点。

（王勖欲走又折回来，抱着儿子，谢拉开她，报告人上台）

音乐：悠悠的，类似妈妈的摇篮曲

报告人（拿起桌上的信纸）：孩子年幼，何罪之有？请不要因为政治信仰不同而伤害他！

报告人：你们真的不要自己的孩子了？他可是你们的亲骨肉啊！

（二人望着，痛苦地，王哭泣着偎在谢的怀中）

谢育才：我们没有办法，我们要去向党组织告急啊！

报告人：可是你们已经向特务签了转变立场的声明书，就算你抛弃亲生儿子为党报警，万一有人不理解你们，那怎么办？

谢育才：现在的问题是要给党组织报警，其他的问题考虑不了那么多了，（对王）我们走！

（下场、音乐强烈）

报告人：为国捐躯心不忧，唯愿正气永存留。成败论定任褒贬，忠奸自让后史修！中华人民共和国成立后，谢育才同志担任汕头市市长，后在历次运动中，却因为这个"历史问题"屡受冲击，1977年3月25日因病去世。他留下遗言：我一生历经坎坷，然坚信组织最终会理解我对中国共产党，对无产阶级革命事业的一片赤诚之心！1998年10月8日中共中央纪委发出通知，恢复了谢育才1926年到1945年的党籍。他的妻子王勖写有一诗为证。

投影：王勖的照片、采访

音乐：抒情的

画外音：南岛揭竿，闽粤驰骋。五十多年出生入死，屡建功勋！为革命，哪惜献全家，历经坎坷艰辛！任和谈，力挫奸谋，赢得四军二支组成，抗日前线逞英豪！巧斗敌特，越狱救党。三十余载负重含冤，不渝忠贞。顾大局，忍看毁名节！弃儿千里报警。笑愚颂，徒劳追捕，喜救南委组织保全，千秋功罪青史修！

四、江竹筠：不惜一切，执行任务最坚决

多媒体：《红梅赞》音乐、《红梅赞》唱段、电影《江姐》镜头

主持乙（女）：这是一段大家耳熟能详的乐曲，一曲《红梅赞》使她的名字家喻户晓，一句"共产党人的意志是钢铁"的豪言使她成为革命英雄主义的代表。这就是新中国百名有突出贡献的红岩英烈江竹筠。

多媒体：江竹筠照片（各个时期）

主持甲：她出生于盐都自贡。1930年母亲带着她和弟弟逃荒到重庆，可是早已在重庆码头打工的丈夫却是居无定所，每天在船上栖居。无奈只好投靠在重庆开医院的弟弟李义铭（多媒体展示：重庆中山医院）。也是从自贡走出在成都学习的李义铭从华西医科大学毕业后，在重庆开办医馆。他告诉江竹筠：在城市里没有文化，没有知识，根本待不下去。只有知识才能改变自己。舅舅的开导对她产生了很大的作用。

主持乙：她的父亲江上林不幸病故后，舅舅李义铭以无父之孤儿将她送到刘子如开办的孤儿院（多媒体出现刘子如、孤儿院照片）读书学习。而作为当时孤儿院的董事长、实业家、慈善家刘子如的办学及座右铭就是：不留金钱给儿孙买辱！因此，刘子如要求学生：扎实学习，一切靠自己努力。"天下万般苦、唯有读书高"，这是江竹筠在读书时非常强烈的认识。她读书异常勤奋，立志要通过知识改变自己的命运。

多媒体：江竹筠在孤儿院时的学校场景照片一组、与丁老师的合影照

主持甲：对江竹筠产生重要影响的第三个人就是她读高中时的丁尧

夫老师。当丁老师与江竹筠接触，了解到她想要通过知识改变自己的命运，于是就经常启发江竹筠认识社会问题，并且与她一起分析社会问题：一个人可以通过发奋学习用知识改变自己的命运，但是天下那么多的孩子，又应怎样去改变他们的命运？如果不改变社会制度，不推翻剥削阶级，永远无法彻底改变现状。

主持乙：丁老师的启发教育，使江竹筠懂得为什么要读书、读书为什么等问题。同时，在与丁老师的不断深入交往中，她逐步在思考和认识人与自然、人与社会、人与人这些问题。个人命运离不开社会，社会离不开个人，人与社会的关系，必须与社会结合才能够有所解答。这是江竹筠当时的想法。

多媒体：学生课堂上课老师被抓的视频资料

主持甲：1935年，丁老师在上课的时候，突然被冲进教室的国民党当局逮捕！江竹筠等学生非常气愤，问"为什么抓我们的老师"？结果学校说丁老师是"共产党""共匪"！共产党这个名称第一次进入江竹筠的头脑。丁老师，这么有学识，这么好的老师是"共产党"，这"共产党"是干什么的？她决定要做像丁老师那样的共产党人。"共产党是好人"的结论在学生心中再也无法抹灭。"要寻找共产党"是她的信念。

多媒体：江竹筠入党介绍人戴克宇照片、江竹筠与戴克宇合影照

主持甲：江竹筠的同学、地下党员戴克宇解放后在回忆材料中写道："我和竹筠同志认识是1939年寒假在重庆巴蜀中学投考高中的时候，当她和我在一起读书时，给我的深刻印象是她沉静好学、没有当时女孩子具有的那种娇气和虚荣心。她苦心钻研功课，但不读死书。她既关心政治，也认真读书，而且能批判地接受老师所教的功课。她还经常关心时事，热心参加社会活动。我们曾一起办壁报，到场镇上宣传。在第一学期的中途，党组织就确定她为党的积极分子，并指定我和那位党员同志经常和她联系。记得是1939年夏天，在一个晴和的星期日，我们和党支部书记一道，走到一个小溪旁的竹林里，她举起手，面部呈现出十分庄严肃穆的神情和坚定的目光向党旗宣誓：我志愿加入中国共产党，坚决执行党的纪律，不怕困难，不怕牺牲，为共产主义事业奋斗到底！

主持乙：入党后的江竹筠受川东特委指派担任重庆新市区区委委员，负责单线联系沙坪坝一些高校的党员和新市区内的党员。后为取得社会职业资格，在中华职业学校取得会计资格证书，先后在铁矿以及宋庆龄、邓颖超领导的重庆妇女慰劳总会工作。

主持甲：1943年5月，党组织交给江竹筠一项特殊任务：与地下党负责人彭咏梧假扮夫妻，以掩护市委领导彭咏梧和市委机关的安全。

多媒体：彭咏梧及妻子谭政伦、孩子彭炳忠的照片

主持乙：这对一个未婚的女子是怎样的人生挑战啊？（转入江竹筠角色）我去做假妻子？对内是上下级，对外是夫妻？这两面人怎么做？我还没有谈过恋爱，没有单独与男人相处的经验，怎么去执行这个任务啊？（看着屏幕上的照片）他还是有妻子、儿子的，我、我……

多媒体：抗战时期重庆的影像资料

主持甲：革命、地下党对于我们今天和平年代的人来说有许多东西是难以理解的。作为市委负责人，妻子当时在农村，不熟悉了解城市重庆的情况，也没有地下党活动的经历，要利用家庭掩护开展地下活动显然不行，必须有一个熟悉重庆的知识女性去做掩护工作。了解到这个情况后的江竹筠，她毅然走上了这个特殊的工作岗位。

主持甲、乙交流：

甲：对内是上下、对外是夫妻！太太、夫人的称呼不断地围绕着这个假妻子！

为了不在这两面人的转换中出现尴尬，她带老彭到家……

乙：妈妈，我结婚了，这是我的丈夫……

甲：她在酒店包席，邀请同学来就餐，向朋友介绍……

乙：这是我的丈夫，彭咏梧……

主持甲：抗战胜利前夕，国统区地下党组织的工作任务活动日益频繁，而国民党特务对地下党组织机构的破坏也日益加重。为了绝对保证组织和彭咏梧的安全，组织建议他们假戏真做结为夫妻。

多媒体：婴儿彭云的照片

主持乙：志同道合、情投意合，我们有了他，一个孩子。

多媒体：江竹筠生孩子时，记载做绝育手术的医院病历

主持甲：当我们看见这份当时的病历记录，江竹筠要求生孩子同时做绝育手术，这是怎样的一种抉择，是怎样的一种绝不影响工作的决然！可以为党的利益舍弃个人的一切，这就是那个年代共产党人崇高的选择！

多媒体：反独裁、反迫害的国统区游行示威的视频及照片

主持甲、乙交流：

甲：1947年，川东临委决定执行上海局党委"发动游击骚扰，牵制国民党兵力出川"的指示。彭咏梧任临委委员兼下川东地工委副书记，立即去下川东发动武装起义，江竹筠作为重庆与下川东的联络员一起去下川东开展活动。

乙：要去乡下搞武装起义的活动，孩子怎么办？孩子是不能够带到乡下去的。他们四处托人带孩子，一天、两天可以，时间长了，任何朋友都勉为其难。就在他们托人照顾孩子没有结果的时候，一个突如其来的情况出现了！11月7日，当彭咏梧去国泰电影院联络一批与他一起去下川东的人员时，突然遇见在农村的妻子谭政伦的弟弟谭竹安……

多媒体：国泰电影院老照片

表演：

谭竹安：姐夫。

彭咏梧：怎么是你，你怎么在重庆？

谭竹安：姐夫，我终于找到你了……（拥抱）

彭咏梧：我现在有要紧事，后天在人民公园见面，我们再详谈。（推开谭）

主持甲：彭咏梧的妻弟谭竹安当时在重庆大公报社资料室工作。受姐姐委托，他多年打听姐夫彭庆邦的消息，但因为担任地下党领导职务，重新组建家庭改名为彭咏梧，所以曾经登报寻找也无果。

乙：当谭竹安突然在国泰电影院见到姐夫彭庆邦后，已经是地下党外围组织中国职业青年社骨干成员的他，立即向上级汇报终于找到了姐夫的消息。

甲：组织上一直知道谭竹安要找的姐夫就是彭咏梧，出于工作纪律的要求，也一直没有把实情告知他。但是，彭咏梧和江竹筠马上要去下川东发动武装起义，为了避免出现意料之外的情况，组织决定让谭竹安去向江竹筠汇报工作，因为组织认为江竹筠能够处理好这个事情。

多媒体：彭云梧、江竹筠与儿子彭云的全家照

表演：

（谭竹安按照约定的时间来到江竹筠的家中汇报工作，江竹筠热情地接待他。可是当谭竹安看见墙上挂的全家福照片的时候，非常惊愕）

谭竹安（望着墙上的照片走过去，自言自语地指着老彭）：我怎么在这又见到你了？

江竹筠：你说什么？

谭竹安：这是我的姐夫！（再看看照片上的江，再看看身边这领导）请问领导，你与我姐夫是什么关系？这孩子又是怎么一回事？

江竹筠（脸一下子绯红，惊奇地）：你说什么？他是你姐夫？

谭竹安：是啊，这是我的姐夫，明天我们约了要在人民公园见面！

（江沉默无语地看着谭）

谭竹安（急切地指着照片）：请问领导，这是怎么一回事？

（音乐起）

江竹筠：小谭，来坐下，我来告诉你……

（静场，谭、江退后交谈）

主持甲、乙交流：

主持乙：江竹筠接到谭竹安要向自己汇报工作的消息时，感到非常意外！她与谭竹安之间既没有平行的组织关系，也没有上下级的组织关系，为什么来跟她汇报工作？后来江竹筠想来想去，觉得既然是组织上这么决定的，那一定有组织的安排意图。江竹筠在与谭竹安的交谈中，立刻明白组织安排的意图。她更明白这对自己也是一种考验。

主持甲：江竹筠坦然地向谭竹安讲述起自己和彭咏梧从"假扮夫妻"到"真夫妻"以及有了孩子的一切过程……谭竹安不敢相信自己的耳朵，不敢相

信眼前这个女人所说的一切。最后江竹筠坦诚地对他说："地下工作的特殊性太复杂，不是一两句话就可以说明白的。但是，我可以明确地告诉你，这次任务完成后，我一定清理自己的感情，让老彭回到你姐姐身边。但是，希望你能够帮一个忙，孩子彭云也是彭家之骨肉，我想请你姐姐来重庆帮我照看一段时间，等我完成任务后就把孩子接走，你们一家人团聚……"

主持乙：谭竹安完全没有想到竟然是这样一个情况：寻找的姐夫就这样找到了！但令他十分惊愕的是姐夫又结了婚，还有了孩子！面对江竹筠的坦白真实，他几乎是无话可说，只是表示：一定劝说姐姐来帮助江竹筠带孩子。后来，谭政伦带着自己的孩子彭炳忠来到重庆，看着自己丈夫与江竹筠的孩子彭云，怒火千丈！她等，她要等待着彭咏梧、江竹筠来面对自己。她要三人面对面把事情讲清楚！

多媒体：音乐，彭、江赴下川东，剪辑电影《烈火中永生》镜头，奉节武装起义地点照片等，定格在彭原妻谭政伦照片

主持乙：谭政伦在重庆帮助江竹筠带孩子。可是，在重庆等待的谭政伦等来的却是一个噩耗：自己的丈夫彭咏梧在武装起义中不幸被国民党打死，并且国民党把他的头颅砍下挂在竹园坪城楼上示众！（多媒体照片：彭咏梧殉难地、殉难后被砍下头颅，悬挂奉节竹园镇城墙遗址）谭政伦悲痛欲绝。她从地下党同志那里又得到一个消息：党组织要调江竹筠回重庆工作，以便照顾自己的孩子。但是，江竹筠却向组织表示：老彭在什么地方倒下，我就在什么地方坚守岗位，没有人比我了解这里的情况。谭政伦知道情况后百思不得其解，这是什么女人啊，怎么连自己的亲生儿子都可以不顾？要去革命，这革命含义究竟是什么？……

多媒体：谭政伦照片、渣滓洞关押江竹筠的牢房、彭云照片

主持甲：1948年6月，江竹筠在万县不幸地被地委书记涂孝文出卖，被捕入狱，关进了重庆渣滓洞看守所，备受酷刑摧残，而她坚不吐实……谭政伦在狱外得到地下党组织传来一个又一个有关江竹筠在狱中的消息。她对江竹筠的那种恨开始慢慢消解。出于一个母亲对另一个母亲的同情和心心相印，谭政伦把江竹筠的孩子彭云带到照相馆照了一张相片，托地下党组织把照片

带到监狱中，这成为江竹筠在狱中战胜刑法的一个精神支柱。

多媒体：拍摄电台岚垭刑场、江竹筠等被害现场发掘照片，定格江竹筠

主持乙：1949年11月14号，距离重庆解放还有十几天，江竹筠被押往电台岚垭刑场被杀害！

主持甲：重庆解放后，谭政伦带着自己的儿子彭炳忠和江竹筠托付的彭云急赴歌乐山，生不见人死要见尸。面对江竹筠的遗骸，谭政伦极度震惊！那身材如此矮小，却有如此钢铁般的意志。她说了一句话：我一定把你的儿子抚养成人！

多媒体：谭政伦与孩子们的合影照、谭政伦辅导彭云学习照

主持乙：新中国成立后，谭政伦被分配在市委办公厅机关工作，而她给组织写了份请调她到托儿所工作的报告，并且做了一件谁也没有料到的事情：把自己的亲生儿子彭炳忠送进了孤儿院寄养，而专心抚养江竹筠的遗孤彭云。

多媒体：谭政伦、彭咏梧、江竹筠、彭炳忠、彭云、谭竹安照片

主持甲：1952年秋，谭政伦加入中国共产党，实现了她多年的愿望。为了把彭炳忠和彭云两个烈士子女抚养成人，她写下700余字的"教子篇"。

多媒体展示，画外音朗诵：教子篇　谭政伦（全文有适当删减）

咏梧生在旧社会，一无势力二无依，父亲教书维家计，一家四口度日期。……为了求学不计论，忍气吞声求学问，立志求得高知识，扫尽乌云见光明。……站在一根电杆下，路灯下面将课温，寒风刺骨浑身冷，冻疮腐烂痛在心。……忽然一声春雷响，革命种子撒四方，学校园地齐种下，不到一年遍开花。……这时咏梧18岁，人小志大人人夸。……为了人民得解放，忍饥挨饿走天涯。不怕风吹和雨打，不惧枪弹钢刀杀，虽然牺牲屠刀下，终于推翻蒋王八。……要知幸福哪里来，千万烈士躺地下。亲爱孩子记心上，社会主义要栋梁，风里雨里去磨炼，一代更比一代强。劳动锻炼不怕脏，刻苦学习无虚晃。……今日吃得苦中苦，将来接班才算强……共产主义早实现，幸福生活赛天堂。

多媒体：彭云接受厉华采访的照片

主持甲、乙交流：

主持甲：彭云说："母亲江竹筠在我不到1岁就离开了我，实在是找不到一点感觉和印象。但是养母谭妈妈对我恩重如山。她不但是一个了不起的女性，更是一个让我终生敬仰的伟大的母亲。"

多媒体：江竹筠七封遗书展示

主持乙：江竹筠在狱中写给谭竹安的最后一封遗书中这样交代孩子的事情：竹安弟：……假如不幸的话，云儿就送给你们了，盼教以踏着父母的足迹，以建设新中国为志，为共产主义革命事业奋斗到底！孩子们决不要娇养，粗茶淡饭足矣！么姐是否仍在重庆？若在，云儿可以不必送托儿所，可节省一笔费用，你以为如何？就这样吧，愿我们早日见面。握别。愿你们都健康！

主持甲：这封由竹筷子磨成的笔，棉絮烧成的灰兑水成墨，写在泛黄的毛边纸上的信，成了江竹筠生命里最后一封家书。这封家书表达了她对孩子的思念和殷切的希望，读来感人至深，催人泪下。

主持乙：江竹筠烈士敢于担当，放弃个人名节，掩护市委机关和领导，这是她的坚定信仰和忠诚。面对感情上的问题，她襟怀坦荡，终获理解。

五、张露萍：严守秘密，不惜放弃自己的生命

时间：1939年

地点：延安

音乐：渐起，陕北民歌秧歌曲

投影：延安宝塔山下，延河蜿蜒流过

（战士们在扭秧歌，李清和张露萍也在秧歌队里）

投影：张露萍、李清的照片资料，延安抗大资料

（音乐渐隐，李清兴奋地跑到张露萍身边，两人非常亲热，张露萍为李清擦汗水）

报告人：她是张露萍，原名余硕卿。1937年参加成都地下党组织领导的"中华民族解放先锋队"，1938年脱离军阀家庭投奔到延安，改名黎琳，进入陕北公学和抗日军政大学学习。

报告人：他叫李清，1939年经过组织批准与张露萍结为夫妻。

（报告人下场）

李清：你怎么到这里来了？

张露萍：我想你，就跑来了。

李清：那我想你的时候也跑到你那去！

张露萍：不行，你要那样就违反了纪律。

李清：哦，我去是违反纪律，你来就不违反纪律？

张露萍：对，我今天来就是不违反纪律！

李清：哟，太阳从西边出来了？今天来这，恐怕是有什么事情顺便

来看我的吧？

张露萍：（撒娇地）我今天是专门来看你的。

李清：哎哟，是哪位大首长给你特批的呀？

张露萍：是……你过来，我悄悄地给你说。

李清：嘿，今天这是怎么啦？

（张露萍悄悄地用手挡住嘴，说了半天）

李清：你说什么呀？我听不见。

张露萍：（笑着跑开）我什么都没说，大笨蛋！

（李清知道自己上了当，要抓住张，张跑，李追。李边跑边说：看你骗我……张边躲边笑一闪身，李清摔到地上）

李清：哎哟！

（张露萍上去扶他，他顺势抓住）

李清：哈哈，我抓住你了。

（两人对视，张露萍不好意思别过脸）

李清：给我说实话！谁批准你过来的？

张露萍：是陈云首长！

李清：（推开张，向四周看了一下，有点生气地）你怎么开这种玩笑？要是传到首长那里，看你怎样挨批！

张露萍：我没有开玩笑，这是真的！

李清：张露萍同志，别胡闹了！告诉我你来这到底是干什么？

张露萍：好！李清同志，我告诉你，我是来跟你告别的！

李清：（吃了一惊）什么？跟我告别！你要去哪？

张露萍：我要到重庆去，到叶剑英参谋长那里报到。

李清：去重庆南方局？到国统区去？去做什么？

张露萍：这个，我不能告诉你，你也别问，这是纪律！

李清：纪律？什么时候走？要去多久？

张露萍：去多久我不知道，但是，马上就要走！

李清：啊？这！

张露萍：（深情地拥住）你放心，完成任务后我就尽快回来。

李清：（拥住不松手）你……！我真不放心呀！

张露萍：不要担心我，清，你要好好照顾自己。（用手绢擦李的眼泪）我会给你写信的……

音乐：淡淡的，忧伤的

（李拉着张手，二人恋恋不舍地分开，张转身慢慢退出舞台，把手绢遗落在李清手中）

（灯光渐暗，追光下，报告人出）

报告人：张露萍告别李清去了重庆，李清收到张露萍刚到重庆时的一封信后，就再也没有了音讯！

（李清手里抚摸着那条白色的手绢）

李清：你现在在哪儿？你为什么不给我写信，是工作很忙吗？还是？

报告人：后来，他终于得到他妻子张露萍的消息，却是张露萍已叛变革命，天天跟国民党军官鬼混，出入于灯红酒绿之中。

李清：不，不可能，她不是这样的人。（看看手中的张露萍手绢，呼喊）露萍呀！你究竟在做什么?!（抱头蹲下）

报告人：传闻会给人的精神和思想带来很大的压力，你为什么不向组织上反映，要求组织给你澄清？

李清：我去问过，答复是"情况复杂"。

报告人：情况复杂，这算什么答复？

李清：情况复杂、情况复杂……（下）

（报告人光区亮，其余光暗）

报告人：情况复杂！的确是这样。1939年春，延安的张露萍到重庆南方局的军事组报到，叶剑英同志决定，黎琳改名张露萍，负责领导军统电台的秘密党员张蔚林、冯传庆等人，张露萍担任军统电台特支书记，组织关系由南方局军事组掌握。叶剑英同志交代三条任务：一是领导军统电台支部，掌握思想情况、加强教育和组织领导；二是通过建立中转站转送情报给组织；三是在军统电台里继续发展秘密党员。南方局军事组一再告诫张露萍：绝对忠诚，严守秘密，甘做无名英雄。1942年春天，因为叛徒出卖，军统电台特别支部暴露！

投影："哐"的一声铁牢关门的声音，张露萍被投入监狱。

音响：急促的喘息声

（三个看守出）

看守：放风了，放风了，放风了，放风了！

投影：贵州息烽监狱环境

（监狱中难友出，有的在下棋、有的在打太极、有的在洗衣服、有的在踢毽、有的在补衣服）

报告人：无论在重庆的白公馆还是在贵州的息烽集中营，张露萍等七名共产党员，一直被作为"军统违纪分子"秘密关押！

（女看守带张露萍上）

女看守：车耀先，周主任给你派了个修养人，她叫张露萍，从今天起她就协助你整理图书。

（女看守离开，张露萍上）

（车耀先拄着一根拐杖，手里拿着一摞书，见到张露萍，吃惊，书从手中滑落掉在地上，口里禁不住说出"余"字，感觉不妥，旋即改口）

车耀先：余生老朽矣，连几本书都拿不住了。

（张露萍见到车耀先，大感意外，但瞬间即恢复常态，并跑上前，将书从地上拾起，交给车耀先）

车耀先：你叫什么名字？

张露萍：（表情淡漠）刚才看守不是已经说了吗？我叫张露萍。

车耀先：哦，余生老矣，眼花耳聋，记忆也不好。张，张……去把那边的书全部搬过来。

（车耀先趁张露萍搬书之际，仔细看着她的一举一动，不停地点头）

报告人：你好像认识她！

车耀先：不敢肯定，但是她非常像我以前的一个学生余硕卿！

报告人：余硕卿！可她不是叫张露萍吗？而且还是军统违纪分子！

车耀先：是啊，我弄不清楚，难道这世上真有这等相像的吗？

（张把书抱在手上，报告人跟了过去）

报告人：他叫车耀先，你认识吗？

张露萍：（激动地）认识，不仅仅是认识，在我的心中他就是我的父亲！是他教我历史、国文，是他带我走上革命道路追求真理，是他给了我政治上的勇气……

张露萍：（走过来）车……车馆长，有什么其他的事要我做吗？

车耀先：你给我把地板擦干净。

（车耀先在一边，望着张露萍擦地板的身影）

车耀先（自言自语）：太像了，举手投足，一颦一笑。可她为什么不认我呢？难道她真的不是她？

报告人：是她，就是她，你没有看错！

（报告人讲的时候，图书室外的戏开始）

（张蔚林、冯传庆正在放风坝洗衣服，张露萍端着水盆来到池边）

张蔚林：（衣服一扔）哎，这衣服真不好洗。

冯传庆：怎么，受不了啦！

（张、冯二人见到张露萍，打招呼）

张露萍：我来帮你洗。（接过衣服，洗起来）

张蔚林：我这心里窝火着呢。

冯传庆：这点委屈就扛不了啦，你看露萍。

张蔚林：这里的看守要整我们，很多难友又给我们白眼，我们这里外都不是人呀！

张露萍：（抬头）蔚林，小声点！

（难友徐拄着拐杖端着木盆，来到放风坝洗衣服）

张露萍：徐姐，你也来洗衣服呀，看你挺不方便的，来，我帮你吧。

（张露萍从难友徐手里接过木盆，难友周恰好也来洗衣服，见此情形，难友周从张露萍手中夺过木盆。张露萍没注意，身子一偏，倒在地上）

张蔚林：（一下站过来）你干吗？

（难友周身后的几个难友一下都蹿上来）"你干吗？"

冯传庆：你这位大姐太过分啦，她也是一片好心嘛。

难友周：好心？猫哭耗子假慈悲。

张蔚林：你说什么？怎么说话的！

四难友：你怎么说话的？

张蔚林：你简直是狗咬吕洞宾。

难友甲：（指着张蔚林）谁是狗？

难友乙：我看你才是一条疯狗。

难友丙：到处咬人，把这么多的人咬进监狱。

难友丁：狗咬狗，把自己也给咬进来啦。

（张蔚林与难友们吵，越来越激烈。这时放风坝里几个难友围了过来）

张蔚林：（气急，用手指着周）你，你这个泼妇。

（难友丁上前一拳将张蔚林打倒在地，几个人将其围在中间痛打一顿。另外几个难友将张露萍、冯传庆拦在外面）

（这时，看守出来阻止）

看守：干什么？干什么？

（众难友立即无事般走开，冯传庆、张露萍抢着上去抱着张蔚林，看守下，张蔚林站起来，向难友下的位置冲去）

（冯传庆用力将张蔚林往后拉）

张露萍：（火起）张蔚林，如果你还是男人，你就站住。

张蔚林：（转身向张露萍）露萍，公开我们的身份吧，同志们都很痛苦，我实在受不了了。

张露萍：乱弹琴，你忘了我们的工作纪律了么？

张露萍：张蔚林同志，我作为电台特支书记，对你进行严肃的批评，你今天的做法是很不理智的，小周虽然过分，但她是我们的群众，而你呢？你是一名党员。

（张蔚林低下头）

冯传庆：露萍，和难友们朝夕相处，不能一吐心声，这心里是憋屈呀！

张露萍：你们的感受，我能够体会！看见自己的亲人不能叫，看见自己的同志不能相认，而且还要背着罪名生活，自己有口还不能辩解，这种滋味是不好受。

张蔚林：让我为党去死我眼睛都不会眨，可是我们这军统违纪分子的身份要背多久啊？

冯传庆：难道我们就一直这样……

张露萍：（打断，接话，坚定地）执行党的纪律不能讲条件！

音乐：缓缓地起，倾诉地

（灯光暗，后区光起）

车耀先：他们太不容易了！

报告人：你们为什么不承认他们是自己的同志，为什么不给他们一些关爱呢？

车耀先：从他们的言谈举止看，他们的确不像是军统特务，可是在这个复杂的环境里，我们没有任何依据来改变他们本来的军统违纪分子的身份啊！

报告人（对张露萍）：其实我觉得与狱中的党组织取得联系，也不算违反纪律。

张露萍：我不能够这样做，党的规定我必须服从，我们不能与其他人发生任何组织关系，这是地下党情报工作铁的纪律啊。

报告人：可这是在监狱里，是一个特殊的环境。否则特务把你们当违纪分子，同志们把你们当特务，这多难受、多委屈！

张露萍：我们在政治上作出了自己的选择，在任何时候都不能违背自己的承诺！天大的委屈只能忍！

（切光）

投影：七名烈士的照片、息烽监狱、叶剑英的证明材料

报告人：一个忍字，需要多大的勇气啊！以前的余硕卿、后来的黎琳、现在的张露萍，三个名字是一个人……在狱中，他们一直严守党的纪律，承受着难友们的误解，直到生命的最后一刻，都没有暴露真实的身份，以致解

放后的 34 年间，一直被作为"军统特嫌"对待，无缘受到人民的纪念。直到十一届三中全会以后，叶剑英同志亲自为张露萍等七人写了证明材料，才恢复了他们革命烈士的称号。

六、刘国鋕：不怕牺牲，党的荣誉至高无上

多媒体：电影《烈火中永生》、电视剧《红岩》中有关刘思杨的镜头，定格刘国鋕照片

主持甲：在罗广斌的报告中提到的"案情较重的刘国鋕"，在小说《红岩》中的文学形象是刘思杨。在读高中时，他参加学校进步读书会的活动，积极投身于抗日救亡运动。1940年刘国鋕考入了西南联大经济系，开始深入到社会实践中。他从国民党以及共产党的两党比较分析中认识到：只有中国共产党才能救中国，才是中华民族的救星。

1947年，刘国鋕受党组织调遣从云南回到重庆担任沙磁区学运特支书记，公开身份是《商务日报》记者。1948年4月因叛徒出卖，刘国鋕不幸被捕。国民党重庆行辕二处处长徐远举得知刘国鋕被捕入狱的消息以后欣喜若狂。他认为这个出身于大地主、大资产阶级的公子少爷在骨子里不可能有共产革命那一套，不是一个真正的共产党员，不过是年青人图新鲜、赶时髦罢了。只要政府稍加规劝，一定能够使他回头是岸。于是徐远举连夜调集人手，对刘国鋕突击审讯，然而大特务徐远举万万没有想到这个细皮嫩肉、文质彬彬的公子少爷居然与他水火不容，并且软硬不吃，把这个大特务搞得束手无策，无可奈何，最后徐远举终于恼羞成怒了。

表演：

徐远举：叫什么名字？刘国鋕是你吗？

刘国鋕：既然知道，何必问呢？

徐远举：什么职务？

刘国鋕：《商务日报》记者。

徐远举：问你在共产党内的职务。

刘国鋕：你说的什么？我不知道。

徐远举：你这万贯家财的少爷，家里有钱有势，有吃有喝，你闹什么共产党？你共谁的产？你的一切做法都是在跟你自己家人过不去，你知不知道？

刘国鋕（冷冷地看了特务一眼）：你问谁？

徐远举：我告诉你，你的上级已经把你的情况全部交代，让你到这儿来，主要是看你态度老不老实。希望你配合政府，争取宽大处理。

刘国鋕：既然我的上级已把我出卖，你们什么情况都清楚，还问我干什么？你要问，我就三个字："不知道"！

主持甲：徐远举做梦也没有想到，刘国鋕是如此地"不识抬举"，于是决定用刑罚对他进行惩治。

多媒体：电影《烈火中永生》、电视剧《红岩》中有关刘思杨受刑罚镜头

主持甲：我们可以想象一个人的肉体是难以承受这种刑罚的折磨！但是红岩英烈他们为什么能够战胜刑罚的折磨？这就是信仰的力量，一种超越生理极限的精神意志力！

多媒体：军政长官胡宗南、重庆市参议会议长胡子昂、重庆市市长张笃伦照片

主持甲：刘国鋕的家人可不是等闲之辈。刘国鋕被捕后，他的家人纷纷动员国民党里外外、上上下下的关系，向国民党保密局施加压力，要求放人。首先是胡宗南要求徐远举对刘国鋕个案处理，网开一面；重庆市参议会议长胡子昂亲自给徐远举送去书信，要求对刘国鋕从轻发落；重庆市市长张笃伦亲自到徐远举办公室，为刘国鋕说情保项⋯⋯但是国民党保密局特务徐远举对这一切给予了坚决抵制。他明确提出，刘国鋕不是一般的共产党人，而是个有现行的要犯，如果要释放可以，那么今后重庆地区再出现共党学生案件，行辕二处一概不管。在徐远举如此顶撞之下，任何一方都不敢硬施压

力要求放人。

到了1949年10月,人民解放军在全国各战场形成决定性胜利的局面,刘国鋕的家人再一次为他的安危奔走活动。这一次,他们又从香港地区请回他的五哥。刘国鋕这次来到重庆,给国民党保密局送来一张空白支票……

多媒体:白公馆看守所

表演:

刘国鋕:徐处长,一点小意思,不成敬意。(递过支票)上面没有填数目,需要多少,请自便。我弟弟年轻,不懂事,得罪之处,还望处长网开一面。

徐远举:(接过支票)刘先生,刘国鋕犯的是死罪!有的方面,我也是无能为力。不过,既然你又亲自来了,我还是要帮点忙的呀!

刘国鋕:是!是!国鋕不愿意退出共产党,是年轻人意气用事,好面子。等出去之后,慢慢晓之以理,他会想通的。这包在我身上,只要徐处长在手续方面高抬贵手……

徐远举:刘国鋕不退党但必须认个错,写个悔过书,这样总是应该的吧!

刘国鋕:多谢帮忙!多谢关照!

徐远举:来人,把刘国鋕带到这儿来。

刘国鋕:徐处长,七弟从小脾气犟、办事任性,这悔过书我来写好,让他签个字,反正是签了字的悔过书!不也等于是他写的一样嘛!

徐远举:刘先生,我这可是……

刘国鋕:事成之后,还有厚谢。

看守:报告,89号带到。

徐远举(对刘国鋕):快一点,我还有事。

刘国鋕:一定,一定,放心,放心。(徐远举下,刘国鋕伏在桌上写"悔过书")

(刘国鋕进来,见到五哥,百感交集,兄弟间热烈地相会)

刘国鋕:五哥,家里都好吗?我要的全家照片带来了吗?

刘国鋕:家里都好,照片也带来了,(给照片,刘国鋕凝神地看着照片)

国鋕，今天你无论如何要听我的话，你不知道外面已经乱成什么样子了……你再不出去小命就难保了！徐处长已经答应你带着共产党员的称号出去，这就可以了吧？你只要认个错，搞什么罢课是不对的，悔过书我替你写，你只要签个字，今后要追究，找我，你全推到我身上，与你无关。

刘国鋕：五哥，我理解你和家里人对我的思念。可我有我的信念、意志和决心，这是谁也动摇不了的。

刘国錤：国鋕，我们不要再争了，要争，出去再争。你知道吗，家里为你的事都要急死了，快，你先签个字，跟我走吧！徐处长能退到这步很不容易了。

刘国鋕：哼！姓徐的无缘无故会发善心吗？他们能放过我们共产党人吗？

刘国錤：国鋕，你听我说，出去之后，只要愿意，我送你到美国去攻读博士研究生；不愿意读书，到香港来，在我的公司里工作。从此，咱们离开这是非之地。

刘国鋕：不行，五哥，我做的事情，光明正大，错在哪里，为什么要悔过？我为人民而牺牲，是我自愿的，没有任何人逼我，你们不要再管我了，也不要再来人，人民解放军在全国的胜利已成定局。五哥，你不是说外面已经乱得不像样了吗？这说明国民党是兔子的尾巴——长不了啦，他们要垮台了，要逃跑了！

徐远举：住嘴！我不许你在这儿为共产党宣传，给我拉出去。（特务上来，给刘国鋕戴上刑具，拉了出去，并把刘国鋕吊在半空）

徐远举（进来）：刘先生，我已经仁至义尽了，这就不能怪我了。

刘国錤：等一等，徐处长，再等等，（对刘国鋕）国鋕！你不为自己想也要为家里人想想，要真把命丢了，值得吗？

刘国鋕：我要是出卖了组织，就是活着，也没有什么意义。我要是这样死了，只要有共产党在，就等于没有死！（铿锵之声回荡）

（静）

主持甲：1949年11月27日，刘国鋕被杀害于松林坡刑场。刘国鋕在奔赴刑场的途中，口头吟诵了就义诗。

表演：

刘国鋕：同志们，听吧，像春雷爆炸的，是人民解放军的炮声。人民解放了，人民胜利了，我们没有玷污党的荣誉！我们死而无愧！

主持甲："我们没有玷污党的荣誉！我们死而无愧！"这就是一个年仅28岁的青年在生命最后时刻发出的呐喊。

什么叫追求？什么是人的生命意义？什么叫敢于为真理而献身？什么叫革命先烈？刘国鋕就是典型代表之一。党的荣誉、革命的理想在刘国鋕心中是神圣而至高无上的。生命的意义就在于对它的追求之中，而人的价值就在于这个过程中的奉献。我们说烈士伟大、烈士光荣，就是因为他们在自己的生命个体中，高度扩展了人的生命意义和人的价值，而这种意义和价值正是维系发展我们这个民族不可缺少的优良传统。这，就是红岩魂！

七、王朴：在金钱与理想的天平上，理想更重

多媒体：王朴的照片

主持甲：这位烈士叫王朴。从复旦大学毕业以后，到江北老家，担任地下党北区工委委员，在地下党里负责经济工作，为地下党筹措经费。当时地下党交给他一个任务：希望他利用家里的财产和地位，创办一所学校，为地下党提供活动据点。

多媒体：金永华、妻子褚群

主持乙：这是王朴的母亲金永华老人，扶着老人的是王朴烈士的妻子褚群。

主持甲：王朴的母亲金永华早年曾在日本经商，后回江北，购置田产，成为江北县的首富。王朴的母亲不是共产党，仅是一个开明人士。当听说王朴要办学校时，她认为这是为社会做一件好事，自己应该倾力相助。于是爽快地答应了王朴的要求，变卖了一些田产，办起了莲华小学和志达中学。

表演：

娘（金永华）：我觉得办教育是件好事。王朴提出办学校，这是为社会做有功德的事，我当然要答应。于是，我卖了一些田产，办了莲华小学、志达中学。

多媒体：莲华小学、志达中学场景及校内展览

主持乙：这两所学校掩护了一批地下党员和进步人士。后来，王朴又创办南华贸易公司，将所赚得的钱全部作为党的活动经费。1947年下

半年，川东地下党举行武装起义，需要大量的枪支、弹药。而购买这些东西需要大量的经费。这时候，王朴又动员他的母亲变卖田产。

王朴：妈妈，我说的那个事，怎样了？

娘（金永华）：小朴，这是笔大数目，筹集这笔款子不是一时半会儿就能到手的。

王朴：我急着等这笔钱用，好多朋友也等着这笔钱用。

妻（褚群）：娘一直在筹这笔钱，娘的身体最近不太好，你别催。

娘（金永华）：好吧，价钱再容我两天，下星期听信儿吧！

妻（褚群）：娘！这几天把你给愁的，王朴真不懂事。

娘（金永华）：不要埋怨他，他总是在为社会、为老百姓干实事。

妻（褚群）：娘，你总护着他。

音乐起

娘（金永华）（边说边走）：小群，收拾收拾，跟娘出去一趟。

妻（褚群）：娘！你要到哪里去？

娘（金永华）：进城卖地，要快一点来钱，只有卖地。（下）

（褚群追下）

主持甲：金永华老人前前后后变卖田产折合黄金两千两，用于支援川东地下党购买枪支弹药和药品。1948年4月，王朴不幸被叛徒出卖。（两个特务上来，给王朴戴上手铐）他自知来日不多，从狱中带出两封信，一封给妈妈，一封给妻子小群。

王朴：娘，你要永远跟着学校走，继续支持学校，（金永华与褚群上场）一刻也不要离开学校，弟、妹也交给学校。

娘（金永华）：孩子，你……

王朴：小群，莫要悲伤，有泪莫轻弹。你还年轻，你的幸福就是我的幸福。咱们的孩子好吗？我看孩子就取名"继志"。继承的"继"，志向的"志"。

妻（褚群）：孩子他爸，你要自己当心，你……（泣不成声）

（一声枪响，王朴慢慢倒下，金永华与褚群叫着扑上去。全场沉寂，褚群

扶着金永华坐到椅子上）

主持乙：1949年10月28日，王朴在大坪刑场被敌人公开枪杀。一个多月后，重庆解放了。对于革命烈士们为了革命事业而作出的斗争、努力，以至于牺牲，党和人民是不会忘记的。党和政府决定向金永华老妈妈归还两千两黄金。

（音乐，服务员持一托盘，内有银行存单一张，拿到金永华老太太面前，老太太推开）

娘（金永华）：不，这两千两黄金，我不能收。

主持甲：金妈妈，这是你应该得到的，您收下它吧。

娘（金永华）：不，同志，我把儿子交给党是应该的，现在享受特殊是不应该的；我变卖财产，奉献给革命是应该的，接受党组织归还的财产是不应该的；作为家属继承烈士遗志是应该的，把王朴烈士的光环罩在头上作为资本向组织伸手是不应该的。所以这些黄金我不能收。（对儿媳）小群，你说呢。

妻（褚群）：娘，您说得对，这个道理我懂。

娘（金永华）：好，咱们回去吧。（主持人目送金永华和褚群下）

主持乙：多么令人尊敬的老妈妈，她是人民的妈妈，伟大的母亲！金永华老妈妈在解放后致力于社会福利事业，84岁加入中国共产党，92岁无疾而终。

主持甲：王朴的母亲当时还不具备共产主义思想，但她懂得什么是正义，什么是光明。正义的、光明的，她就倾力相助，这是一个人最基本的品质。金永华老人的举动充满人格魅力，超越世俗的高尚令人肃然起敬。她生前经常说，金钱不万能，离开钱也万万不能，但是一定要弄清楚：钱只能为人服务，人不能为钱去服务。这是一个做人的基本道理。